남녀노소 자기계발 시리즈

손자병법 이해와 명문 가정 만들기

남녀노소 자기계발 시리즈

손자병법 이해와 명문 가정 만들기

초판 1쇄 인쇄	2024년 04월 02일
초판 1쇄 발행	2024년 04월 16일

신고번호	제313-2010-376호
등록번호	105-91-58839

지은이	염규중

발행처	보민출판사
발행인	김국환
기획	김선희
편집	조예슬
디자인	김민정

ISBN	979-11-6957-150-0 03190

주소	경기도 파주시 해올로 11, 우미린더퍼스트@ 상가 2동 109호
전화	070-8615-7449
사이트	www.bominbook.com

· 가격은 뒤표지에 있으며, 파본은 구입하신 서점에서 교환해드립니다.
· 이 책은 저작권법에 의하여 보호를 받는 저작물이므로 무단 전재와 복사를 금합니다.

남녀노소 자기계발 시리즈

손자병법 이해와 명문 가정 만들기

염규중 지음

손자병법의 지혜를 동화와 함께 쉽게 설명하여
당신의 가정을 명문 가정으로 이끌 것이다.

보민출판사

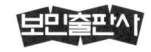

이 책을 가까이하면
얻어지는 것들······

　손자병법은 중국 춘추시대에 손무가 쓴 책으로 총 13편 6,109자의 한자로 구성되어 있다. 역사의 중심에 있었던 수많은 인물 조조, 나폴레옹, 이순신 장군, 리델하트(영국 전략가), 모택동, 빌게이츠, 손정의 등이 즐겨 읽었으며, 미국 하버드대와 사관학교 등 세계의 유수한 대학교 및 군사학교에서 깊이 있게 다루고 있다. 6천여 한자로 된 손자병법을 왜 정복해야만 하는지를 잘 대변해주고 있다.

　이 책은 부모와 자녀가 함께 재미있는 동화를 읽으며 쉽게 이해할 수 있도록 동화와 손자병법을 연결하였으며, 장마다 주요 한자들을 풀이해 놓아 한자를 찾는 수고를 없앴다. 또한 동화 속의 주인공이 되어 여러 가지 상황을 판단해보고 스스로에게 질문도 해봄으로써 다양한 사고를 배양토록 하였다. 동화를 통해 간접 경험의 기회를 얻고 가족끼리 이야기를 나누면서 식견을 넓히게 될 것이다. 이를 통해 명문 가정의 기반을 닦게 될 것이다.

　이 책을 반드시 탐독해야만 하는 사람은 가족끼리 활발한 의사소통을 바라는 사람, 가정을 한 차원 격상시키고 싶은 사람, 자녀의 식견을 높이려는 사람, 명문 가정을 만들고 싶은 사람, 혼잡한 시대에 자녀에게 책 한 권을 권하고 싶은 사람 등으로 이들에게 분명 명쾌한 보답을 선사할 것이다.

이 책에서 얻을 수 있는 효과는 첫째, 가정은 의사소통이 원활해지고 자신감을 느끼게 된다. 둘째, 가정의 평안과 성공을 이룰 것이다. 셋째, 당신의 가정을 명문 가정으로 이끌 것이다. 넷째, 문제 봉착 시마다 건강한 대안을 제시하여 현명한 결과를 줄 것이다.

끝으로 책에 소개된 내용들은 자료의 한계, 개인적인 경험 등으로 많은 이들의 생각과는 상이할 수 있다. 다양한 사고는 이 책의 목적이기도 하며 분명한 것은 가족들 모두가 큰 성장을 얻게 된다는 것이다.

- 세상에서 제일 기분 좋은 사나이 **염규중**

추천사

기원전 5세기에 쓰인 것으로 추정되는 고대 중국의 병법서인 손자병법은 단순한 전쟁 기술뿐만이 아니라 외교(外交), 국방(國防), 내치(內治)를 포함한 국가 경영과 인재등용의 비법을 다루고 있기 때문에 군사 전문가뿐만 아니라 국가 지도자, 정치가들에게도 주로 읽혀왔다. 하지만 현대에 이르러서는 일반인들도 필독서로 꼽으며 많이 애독하고 있다. 이번 염규중 작가의 남녀노소 자기계발 시리즈 중의 하나인 「손자병법 이해와 명문 가정 만들기」는 손자병법의 지혜를 읽기 쉬운 동화와 함께 친근하고 쉽게 설명하고 있다. 예를 들어 누구나 <해님과 바람>이라는 이야기를 한 번쯤은 읽어보았을 것이다. 작가는 이 동화를 통해 손자병법의 "승산이 많으면 승리하고 승산이 적으면 승리하지 못한다"라는 내용을 설명하고 독자들에게 질문한다. 승산은 해님과 바람 중 누구에게 있었는가? 그 이유는 무엇인가? 이 책을 읽는 동안 작가는 계속 질문을 던지고 독자는 생각하게 될 것이다. 이렇게 하여 작가는 어느새 독자들을 이 책의 주체로 이끌어가기에 책이 담고 있는 가치가 크고 깊다.

- 편집장 **김선희**

목차

第一篇. 始計(시계) • 009

第二篇. 作戰(작전) • 023

第三篇. 謀攻(모공) • 037

第四篇. 軍形(군형) • 051

第五篇. 兵勢(병세) • 065

第六篇. 虛實(허실) • 079

第七篇. 軍爭(군쟁) • 097

第八篇. 九變(구변) • 115

第九篇. 行軍(행군) • 125

第十篇. 地形(지형) • 147

第十一篇. 九地(구지) • 165

第十二篇. 火攻(화공) • 199

第十三篇. 用間(용간) • 209

【저자가 마음에 품고 있는 글】

❶ 내 자녀는 나의 거울이다.

* 나의 말 한마디, 행동 하나하나가 잘 쌓이면
자녀는 올바른 인성을 갖고 자신의 꿈(희망)을 이룰 것이다.
부모와 자녀는 함께 느끼며 성장하는 것이지
일방적 교육이나 지도는 주의 깊게 잘 살펴서 해야 한다.

❷ 무언가 몰라도 기쁘고, 잘 알아도 기쁘다.

* 모르면 창피하기보다는 배울 수 있어 좋고
잘 알면 그것을 잘 활용할 수 있어 즐겁다.

❸ 내 나이 90세를 미리 그려본다. 그리고 미소 짓는다.

* 그 나이에 내 곁에는 건강한 와이프가 있고,
자신의 역할을 충실히 해내는 자식들이 있어 흐뭇하다.
이를 위해 오늘 이 순간도 참고 또 참으며
즐겁게 생활하고 있다.

【저자가 수시로 하는 마인드 컨트롤 방법】

(하루에 수십 번 외칠 때도 있다.)

"세상에서 제일 기분 좋은 사나이 염규중!
기분 좋~다. 기분 조~~타. 기분 조~~오~~타!"

第一

始計篇
(시계편)

孫子曰(손자왈) 兵者國之大事(병자국지대사) 死生之地(사생지지) 存亡之道(존망지도) 不可不察也(불가불찰야). 故(고) 經之以五事(경지이오사) 校之以七計(교지이칠계) 而索其情(이쇄기정).

一曰道(일왈도) 二曰天(이왈천) 三曰地(삼왈지) 四曰將(사왈장) 五曰法(오왈법). 道者(도자) 令民與上同意(영민여상동의) 可與之死(가여지사) 可與之生(가여지생) 而民不畏危也(이민불외위야). 天者(천자) 陰陽寒暑時制也(음양한서시제야). 地者(지자) 遠近險易廣狹死生也(원근험이광협사생야). 將者(장자) 智信仁勇嚴也(지신인용엄야). 法者(법자) 曲制官道主用也(곡제관도주용야). 凡此五者(범차오자) 將莫不聞(장막불문) 知之者勝(지지자승) 不知者不勝(부지자불승).

손자가 말하기를, 전쟁(兵)은 나라의 중대한 일이요, 국민의 생사와 존망이 걸린 것이니, 깊이 살피지 않을 수 없다. 그러므로 이를 헤아림에는 다섯 가지 요건(五事)으로써 하고, 이를 비교함에는 일곱 가지 계(七計)로써 하여, 그 정세를 살핀다.

첫째는 도요, 둘째는 하늘이요, 셋째는 땅이요, 넷째는 장수요, 다섯째는 법이다. 도(道)란 백성으로 하여금 임금과 뜻을 같이 하여, 가히 함께 죽기도 하고 살기도 하여, 백성이 위험을 두려워하지 않게 하는 것이다. 하늘(天)이란 음양, 한서, 시제(계절)이다. 땅(地)이란 원근(멀고 가까움), 험이(험난하고 평탄), 광협(넓고 좁음), 사생(사지와 생지)이다. 장수(將)란 지신(지혜, 믿음), 인용(어질고 용기), 엄(위엄)을 갖춰야 한다. 법(法)이란 곡제(군의 편성), 관도(군대의 직제와 규정), 주용(물자와 병기)이다. 무릇 이 다섯 가지는 장수로서 들어 알지 못하는 자가 없을 것이다. <u>이를 아는 자는 승리하고, 모르는 자는 승리하지 못한다.</u>[1]

始 처음, 시작하다	計 계산, 계략, 계획하다
孫 손무	子 성 뒤에 붙인 존칭
之 ~의, 이(대명사), 가다	不 아니다, 말라
兵 전쟁, 용병, 군대, 병사	者 ~라는 것은, ~한 사람
不可不 ~하지 않을 수 없다	察 살피다, 알다
也 문장 마치는 조사, 또한	故 그러므로, 옛날의
經 헤아리다, 도모하다	校 비교하다, 학교
索 살피다, 찾다, 수색하다	情 뜻, 정황
令 ~하여금 ~하게 하다	與 ~와, 함께, 베풀다
畏 두려워하다	危 위험, 위태하다
陰陽 어두움과 밝음	寒暑 추위와 더위
時制 계절의 변화	險易 험함과 평탄함
廣狹 넓음과 좁음	嚴 엄하다
曲 행정단위, 굽히다	制 만들다, 제도
官 행정조직(군사조직), 벼슬	凡 무릇, 모름지기
此 이, 이것	莫 없다, 아니다
而 ~하고, 말이음(접속사)	

---

[1] 사례 : 토끼와 거북이. 거북이는 빠른 토끼에게 도전하여 승리를 거머쥐다

사례

토끼와 거북이,
거북이는 빠른 토끼에게 도전하여 승리를 거머쥐다

어느 날 토끼가 거북이에게 느림보라고 놀리자, 거북이는 몹시 불쾌해하며 토끼에게 달리기 경주를 제안했고, 그 둘은 시합하였다. 토끼는 한참을 앞서서 빨리 달리다가 뒤를 돌아보니 거북이가 보이지 않자 안심하며 낮잠을 자도 충분하겠다고 생각하고 누워서 잠을 잤다. 거북이는 쉬지 않고 걸었고, 토끼 곁을 지나가고 있었지만, 토끼는 잠에 빠져 거북이가 지나고 있는 것을 알지 못했다.

마침내 거북이는 결승점에 이르렀다. 잠에서 깬 토끼는 거북이가 보이지 않자 깜짝 놀라 결승점으로 뛰어갔지만, 거북이는 웃으면서 토끼를 맞아주었다. 토끼와 거북이의 달리기 시합은 거북이의 승리였다.

손자를 넘어 상위 1% 사상으로 올라서기

1. 당신은 '토끼와 거북이'를 읽고 느낀 점은 무엇인가?
2. 거북이가 토끼에게 달리기 경주를 제안한 것에 대해 어떻게 생각하는가?
3. 거북이는 토끼를 어떻게 이길 수 있었고, 토끼는 왜 졌다고 생각하는가?
4. 손자병법 "이를 아는 자는 승리하고, 모르는 자는 승리하지 못한다(知之者勝[지지자승] 不知者不勝[부지자불승])." 사례에 "토끼와 거북이" 동화를 제시하였는데, 거북이는 토끼에 대해 무엇을 알았다고 생각하는가?
5. (스스로에게) 관련 내용에 대해 다른 질문을 하고 대답해보세요.

故(고) 交之以計(교지이계) 而索其情(이색기정). 曰主孰有道(왈주숙유도) 將孰有能(장숙유능) 天地孰得(천지숙득) 法令孰行(법령숙행) 兵衆孰强(병중숙강) 士卒孰練(사졸숙련) 賞罰孰明(상벌숙명). 吾以此知勝負矣(오이차지승부의). 將聽吾計(장청오계) 用之必勝(용지필승) 留之(유지). 將不聽吾計(장불청오계) 用之必敗(용지필패) 去之(거지). 計利以聽(계리이청) 乃爲之勢(내위지세) 以佐其外(이좌기외) 勢者(세자) 因利而制權也(인리이제권야).

兵者(병자) 詭道也(궤도야). 故能而示之不能(고능이시지불능) 用而示之不用(용이시지불용) 近而示遠(근이시원) 遠而示之近(원이시지근) 利而誘之(리이유지) 亂而取之(난이취지) 實而備之(실이비지) 强而避之(강이피지) 怒而撓之(노이요지) 卑而驕之(비이교지) 佚而勞之(일이노지) 親而離之(친이리지) 攻其無備(공기무비) 出其不意(출기불의). 此兵家之勝(차병가지승) 不可先傳也(불가선전야).

그러므로 계(計)로써 비교하여, 그 정세를 살핀다. 말하자면 군주는 어느 쪽이 더 도덕적인가. 장수는 누가 더 능력이 있는가. 천지는 누가 더 얻고 있는가. 법령은 누가 더 잘 운용되고 있는가. 군대는 누가 더 강한가. 장병은 누가 더 훈련되어 있는가. 상벌은 누가 더 공평한가. 나는 이 일곱 가지로써 승부를 안다. 장수가 나의 계(計)를 듣고, 이를 쓰면 반드시 승리할 것이다. 그러면 나는 머물 것이다. 장수가 나의 계(計)를 듣지 않고, 이를 쓰면 반드시 패할 것이다. 그러면 나는 떠날 것이다. 이익을 헤아려 듣는다면, 세(勢)가 이루어져, 그 외의 것을 보조하게 되니, 세(勢)라는 것은 이익으로써 임기응변이 되게 하는 것이다.

용병(兵)이란 적을 속이는 것(詭道)이다. 그러므로 능하면서 능하지 못한 척 보이고, 쓰면서도 쓰지 않는 것처럼 보인다. 가까우면서도 먼 것처럼 보이고, 멀면서도 가까운 것처럼 보이며, 이롭게 해서 적을 유인하고, 혼란하게 하여 이를 취한다. 적이 충실하면 대비하고, 적이 강하면 피하며, 분노케 하여 동요하게 하고, 나를 낮추어 적을 교만하게 만든다. 적이 편안하면 수고롭게 하고, 적이 서로 친하면 이간시키며, 대비하지 않는 곳을 공격하고, 뜻하지 않는 곳으로 나아간다. 이것은 싸움에서 이길 수 있는 방법이지만 먼저 적에게 알려서는 안 된다.[2]

曰 말하다	孰 어느 것이 더, 누구
將 장수, 장차	能 능하다, 잘하다
得 얻다, 이익	令 법령 · 명령 접미사
衆 많은 사람, 무리	士 선비
以 ~로써, 하여	留 머무르다
聽 듣다, 받아들이다	爲 하다, 이루다
勢 기세, 세력	佐 돕다
其 그것, 그	權 권세, 저울질하다
詭 속이다	誘 유인하다, 꾀다
備 갖추다, 대비하다	避 피하다
撓 어지럽히다, 흔들다	卑 낮다
乃 이에, 이것으로	吾 나, 나의

---

[2] 사례 : 장화 신은 고양이, 믿음과 신뢰로 은혜를 갚다

사례

장화 신은 고양이,
믿음과 신뢰로 은혜를 갚다

　한 방앗간의 주인이 죽자 첫째 아들은 방앗간을, 둘째 아들은 당나귀를, 막내아들은 창고를 지키던 고양이를 물려받았다. 막내아들은 고양이를 잡아먹겠다고 하자 고양이는 한 짝의 장화와 자루를 주면 부자로 만들어주겠다고 했다. 막내아들은 고양이의 말이 어처구니가 없었지만 속은 셈치고 믿어보기로 하고 고양이가 요구한 물건들을 주었다.

　고양이는 장화를 신고 숲속 토끼를 잡아 자루에 담고 궁전으로 가 왕에게 나의 주인인 카라바스 후작으로부터의 선물이라 말하고 토끼를 바쳤다. 또한 고양이는 왕과 딸이 강가를 따라 여행할 때 막내아들에게 강에서 목욕하라고 했다. 막내아들은 고양이가 하라는 대로 목욕을 했고, 고양이는 그의 옷가지를 감추고 주인인 카라바스 후작이 물에 빠졌다고 외쳤다. 막내아들은 강에서 구출되고 왕의 마차를 타게 되었다.

　장화 신은 고양이는 사람들을 잡아먹고 요술을 부리는 대마왕의 땅인 황금빛 밀밭과 목장에 왕보다 먼저 도착했다. 그 땅에서 일하는 사람들을 위협하여 왕이 누구의 땅이냐고 묻거든 카라바스 후작의 땅이라고 말하도록 했다. 왕의 마차가 대마왕의 땅에 도착하여 이 넓은 황금빛 밀밭과 목장의 주인이 누구인지 묻자 모두 카라바스 후작의 것이라고 했다. 그리고 고양이는 왕보다 먼저 대마왕의 성에 도착하여 대마왕과 마주하며 대마왕의 마술이 별 볼 일 없다고 핀잔을 주며 열 받게 했다. 대마왕은 마술로 뭐든지 변할 수 있다고 하자 고양이는 코끼리, 사자로 변신해보라고 말하자 대마왕은 코끼리, 사자로 변신했다. 고양이는 대마왕이 대단하다고 감탄을 연발했다. 이번에는 생쥐로 변신해보라고 하자 대마왕은 생쥐로 변했고, 이때를 놓치지 않고 고양이는 그 생쥐로 변한 대마왕을 잡아 한 입 속으로 먹어버렸다.

이로써 궁전과 땅은 고양이의 주인인 막내아들의 것이 되었고, 장화 신은 고양이는 궁전 앞에서 왕의 일행을 맞이하였다. 왕은 딸을 막내아들과 결혼시키고, 막내아들은 고양이 덕분에 행복하게 살았다.

손자를 넘어 상위 1% 사상으로 올라서기

1. 당신은 '장화 신은 고양이'를 읽고 느낀 점은 무엇인가?
2. 당신은 막내아들처럼 장화 신은 고양이와 같이 작고 약해 보여도 믿고 신뢰할 것인가?
3. 고양이는 막내아들과의 약속을 지켰는데 이에 대해 어떻게 생각하는가?
4. 손자병법 "이것은 싸움에서 이길 수 있는 방법이지만 먼저 적에게 알려서는 안 된다(此兵家之勝[차병가지승] 不可先傳也[불가선전야])." 사례에 "장화 신은 고양이" 동화를 제시하였는데, 고양이는 대마왕을 어떻게 이겼다고 생각하는가?
5. (스스로에게) 관련 내용에 대해 다른 질문을 하고 대답해보세요.

> 夫未戰而廟算勝者(부미전이묘산승자) 得算多也(득산다야).
> 未戰而廟算不勝者(미전이묘산불승자) 得算少也(득산소야). 多
> 算勝(다산승) 少算不勝(소산불승). 而況於無算乎(이황어무산
> 호). 吾以此觀之(오이차관지) 勝負見矣(승부견의).

무릇 싸우지 않고도 조정회의에서 평가(廟算)하여 이긴다는 것은, 판단된 승산(算)이 많은 것이요, 싸우지 않고도 조정회의 평가에서 이기지 못하는 것은 판단된 승산이 적은 것이다. 승산이 많으면 승리하고 승산이 적으면 승리하지 못한다.[3] 하물며 승산이 전혀 없으면 어떠하겠는가. 나는 이러한 것을 봄으로써 전쟁의 승부를 알 수가 있다.

離 떼놓다, 가르다	驕 교만하다
佚 편하다	夫 무릇, 일반적으로
未 아니다	廟 조정회의, 사당
算 계산하다, 세다	少 적다
況 하물며, 더구나	於 ~에, ~보다, (어조사) 어
乎 ~로다. ~구나. (어조사) 호	觀 보다
況~乎 하물며 ~하겠는가?	負 (승부에) 지다
見 보이다, 보다	

---

3 사례 : 해님과 바람, 자신의 강점을 알아야 승리할 수 있다

사례

해님과 바람,
자신의 강점을 알아야 승리할 수 있다

어느 날 해님과 바람이 만나 누가 먼저 나그네의 외투를 벗길지 내기를 했다. 바람은 자신만만해하며 바람의 힘으로 나그네의 외투를 쉽게 벗길 거라고 장담했다. 바람은 나그네의 외투를 벗기기 위해 점점 세차게 바람을 불었지만, 나그네는 외투를 더 단단히 붙잡고 걸어가 외투를 벗기지 못했다.

이를 보고 해님은 웃으면서 내가 나그네의 외투를 벗길 테니 지켜보라며 나그네에게 따스한 햇볕을 내리쪼였고 햇볕이 점점 강해지자, 나그네는 더워 땀을 흘리며 외투를 벗었다. 이로써 해님은 나그네의 외투를 벗겼고 바람과의 내기에서 이겼다.

손자를 넘어 상위 1% 사상으로 올라서기

1. 당신은 '해님과 바람'을 읽고 느낀 점은 무엇인가?
2. 바람은 왜 나그네의 외투를 벗기지 못했을까?
3. 해님은 바람과의 내기에서 이길 수 있었던 이유는 무엇일까?
4. 손자병법 "승산이 많으면 승리하고 승산이 적으면 승리하지 못한다(多算勝[다산승] 少算不勝[소산불승])." 사례에 "해님과 바람" 동화를 제시하였는데, 승산(이길 수 있는 가능성)은 해님과 바람 중 누구에게 있었는가? 그 이유는 무엇인가?
5. (스스로에게) 관련 내용에 대해 다른 질문을 하고 대답해보세요.

第二

作戰篇
(작전편)

孫子曰(손자왈) 凡用兵之法(범용병지법) 馳車千駟(치차천사) 革車千乘(혁차천승) 帶甲十萬(대갑십만) 千里饋糧(천리궤량) 則內外之費(즉내외지비) 賓客之用(빈객지용) 膠漆之材(교칠지재) 車甲之奉(차갑지봉) 日費千金(일비천금) 然後十萬之師擧矣(연후십만지사거의). 其用戰也(기용전야) 貴勝(귀승) 久則鈍兵挫銳(구즉둔병좌예) 攻城則力屈(공성즉역굴). 久暴師則國用不足(구폭사즉국용부족). 夫鈍兵挫銳(부둔병좌예) 屈力殫貨(굴력탄화) 則諸侯乘其弊而起(즉제후승기폐이기). 雖有智者(수유지자) 不能善其後矣(불능선기후의).

손자가 말하기를, 무릇 군사를 쓰는 법은, 전차 1,000대, 치중차 1,000대, 무장병 10만 명, 천 리 밖까지 보급할 군량을 준비하려면, 국내·외에서 사용하는 비용, 외교사절의 접대비, 무기의 정비·수리 재료, 수레와 갑옷의 조달 등으로 하루에 천금의 비용이 소요된다. 그러한 것들을 준비한 연후에 10만 명의 군사를 일으킬 수 있다. 그 전쟁을 함에 승리를 귀하게 여기지만, 전쟁을 오래 끌면 군대가 무뎌지고 날카로움이 꺾인다. 성을 공략하면 힘이 약화된다. 오랫동안 군대를 무리하게 부리면, 곧 나라의 재정이 부족해진다. 무릇 군대가 둔해져 날카로움이 꺾이고, 힘이 약화되고 재정이 고갈되면, 다른 제후국이 그 폐단을 틈타 일어날 것이다.[4] 비록 지혜로운 자가 있다 하더라도 그 뒷

---

4 사례 : 사자와 황소 세 마리, 단합은 어떠한 무기보다 강력하다

감당을 좋게 수습하지 못한다.

用 쓰다, 수행하다, 물품	法 법, 규칙
馳 달리다, 질주하다	駟 수레에 매는 네 마리 말
馳車 전투용 전차	革 가죽
革車 보급용 수레	乘 수레의 수량단위, 오르다
帶 두르다	甲 갑옷
帶甲 갑옷 입은 병사	饋 먹이다
糧 식량, 양식	饋糧 먹을 양식
則 곧, 법칙	費 소비하다, 재화, 재정
賓 손님	客 손님
膠 아교, 아교로 붙이다	漆 옻나무, 옻칠하다
膠漆 무기 정비·수리에 사용	材 재료, 원료
奉 받들다, 드리다	然 그러하다
師 군대, 스승	擧 일으키다
矣 문장 마침 조사	貴 귀하다, 비싸다
鈍 무디다, 둔하다	挫 꺾다
銳 날카롭다	屈 다하다, 굽히다
暴 사납다	暴師 군대를 무리하게 부리다
殫 다하다, 고갈되다	貨 재물, 재화
弊 폐단, 나쁘다	起 일어나다
雖 비록, ~할지라도	

사례

사자와 황소 세 마리,
단합은 어떠한 무기보다 강력하다

어느 넓은 들판을 거닐던 사자 한 마리는 며칠을 굶어 죽을 지경에 이르렀다. 이곳저곳 먹이를 찾아 헤매던 사자는 세 마리의 황소를 보았다. 세 마리 황소는 사이가 좋아 힘을 합치면 사자는 이길 수가 없었다. 그래서 사자는 황소를 잡아먹을 꾀를 생각해냈다. 물을 마시러 온 황소에게 다른 두 마리 황소가 너의 흉을 보고 다닌다고 계속해서 거짓말을 해댔다.

처음에는 사자의 말을 믿지 않았던 황소들이 사자가 끊임없이 거짓말로 속이자, 서로를 의심하기 시작했다. 그러던 어느 날 황소들은 아주 사소한 것으로 말다툼하기 시작했고, 급기야 큰 싸움으로 번지며 모두가 기진맥진할 때까지 싸웠다. 황소 세 마리가 큰 상처를 입고 쓰러져 있을 때 사자는 가장 힘센 황소부터 차례로 잡아먹었다.

손자를 넘어 상위 1% 사상으로 올라서기

1. 당신은 '사자와 황소 세 마리'를 읽고 느낀 점은 무엇인가?
2. 당신은 다른 친구가 친한 친구의 험담을 할 때 어떻게 행동할 것인가?
3. 어떠한 소문에도 당신을 믿어줄 우애 깊은 친구는 몇 명이나 되는가?
4. 손자병법 "그 폐단을 틈타 일어날 것이다(乘其弊而起[승기폐이기])." 사례에 "사자와 황소 세 마리" 동화를 제시하였는데, 황소의 폐단(옳지 못한 현상)은 무엇이었는가?
5. (스스로에게) 관련 내용에 대해 다른 질문을 하고 대답해보세요.

故兵聞拙速(고병문졸속) 未睹巧之久也(미도교지구야). 夫兵久而國利者(부병구이국리자) 未之有也(미지유야). 故不盡知用兵之害者(고부진지용병지해자) 則不能盡知用兵之利也(즉불능진지용병지리야). 善用兵者(선용병자) 役不再籍(역불재적) 糧不三載(양불삼재). 取用於國(취용어국) 因糧於敵(인량어적) 故軍食可足也(고군식가족야). 國之貧於師者遠輸(국지빈어사자원수). 遠輸卽百姓貧(원수즉백성빈). 近師者(근사자) 貴賣(귀매) 貴賣則百姓財竭(귀매즉백성재갈) 財竭則急於丘役(재갈즉급어구역). 力屈財殫(역굴재탄) 中原內虛於家(중원내허어가) 百姓之費(백성지비) 十去其七(십거기칠). 公家之費(공가지비) 破車罷馬(파차파마) 甲冑弓矢(갑주궁시) 戟楯矛櫓(극순모로) 丘牛大車(구우대차) 十去其六(십거기육).

그러므로 전쟁은 다소 미흡하더라도 속히 끝내야 한다는 말은 들었으나, 아직 정교하기 위해 오래 끈다는 것은 보지 못했다. 무릇 싸움을 오래 하여 나라에 이로움이 있는 경우는 아직 없었다. 그러므로 전쟁의 해로움을 다 알지 못하는 자[5]는, 전쟁의 이로움도 다 알 수가 없는 것이다. 용병을 잘하는 자는, 장병을 두 번이나 징집하지 않고, 군량을 세 번이나 실어 나르지 않는다. 적국에서 획득하고, 적에서 양식을 구해서 사용하니 그러므로 군량을 넉넉히 할 수 있다. 나라가 군대로 가

---

5 사례 : 양치기 소년, 거짓말을 계속하여 파멸에 이르다

난해짐은 멀리 수송하기 때문이다. 멀리 수송하면 백성들이 가난해진다. 전쟁 지역 근처에서는 물가가 비싸지니, 비싸지면 백성의 재정이 고갈되고, 고갈되면 부역을 모으는 데 급해진다. 국력이 약화되고 재물이 고갈되면, 나라 안이 집집마다 텅 비게 되고, 백성들 재화는, 70%가 탕진될 것이다. 국가의 재정은, 수레가 파괴되고 말이 피폐해지고, 갑옷과 투구, 활과 화살, 창과 방패, 수송수단(丘牛大車) 등으로 60%가 허비된다.

拙 서투르다, 못나다	速 빠르다
睹 보다, 분별하다	巧 교묘하다, 공교하다
盡 다하다, 끝나다	盡知 속속들이 잘 안다
善用 잘하다	役 부리다, 일을 시키다
再 두 번 하다, 다시	籍 병적, 장부, 서적
載 실어 나르다	取 취하다
因 원인으로	可足 수량 등이 넉넉하다
貧 가난하다	輸 수송하다
卽 즉, 곧	賣 팔다, 매
財 재정, 재산	竭 고갈되다
急 급하다	丘 모으다
役 부리다, 부역	殫 다하다
中原 넓은 들판, 나라	虛 비다
姓 성	去 잃다, 가다
破 깨짐, 깨뜨리다	罷 방면하다, 피로하다
胄 투구	矢 화살
戟 창	楯 방패, 난간
矛 창	櫓 방패
丘牛 큰 소	

사례

양치기 소년,
거짓말을 계속하여 파멸에 이르다

　어느 마을에 양들을 지키며 살고 있는 소년이 있었다. 양들은 들판에서 한가롭게 풀을 뜯어 먹고 있었고, 양을 지키는 양치기 소년은 매우 따분하고 심심하였다. 심심하던 양치기 소년은 장난삼아 늑대가 나타났다고 큰 소리로 외쳤고, 동네 사람들은 각자 하던 일을 멈추고 허겁지겁 양을 지키려고 몽둥이를 들고 달려왔다.

　양치기 소년은 그 모습을 보고 깔깔 웃으며 즐거워했다. 동네 사람들은 늑대가 없는 것을 보고 양치기 소년이 거짓말한 것을 알고 거짓말하지 말라며 화를 내고 돌아갔다. 얼마 후 양치기 소년은 또다시 심심해져 늑대가 나타났다고 큰 소리로 외쳤고 이번에도 동네 사람들은 허둥지둥 달려왔다. 이를 본 소년은 재미있어 했다. 동네 사람들은 이번에도 소년의 거짓말인 줄 알고 소년을 야단치고 혼내며 돌아갔다. 소년은 거짓말을 안 하겠다고 약속했지만, 또다시 심심해진 소년은 늑대가 나타났다고 외쳤다. 동네 사람들은 놀라 부리나케 달려왔고, 또다시 소년에게 속은 걸 알고 몹시 화를 내며 되돌아갔다.

　그런데 이번에는 진짜로 늑대가 나타나 양들을 물어뜯으며 잡아먹고 있었다. 양치기 소년은 이번엔 진짜로 늑대가 나타났다며 도와달라고 몇 번을 크게 외쳤으나 동네 사람들은 거짓말인 줄 알고 아무도 도우러 오지 않았다. 결국 양치기 소년은 양들을 모두 잃고 말았다.

손자를 넘어 상위 1% 사상으로 올라서기

1. 당신은 '양치기 소년'을 읽고 느낀 점은 무엇인가?
2. 동네 사람들이 소년을 어떻게 교육해야 양들을 모두 지킬 수 있었겠는가?
3. 당신이 습관적으로 하는 거짓말은 무엇인가? 어떻게 고칠 것인가?
4. 손자병법 "전쟁의 해로움을 다 알지 못하는 자(不盡知用兵之害者[부진지용병지해자])" 사례에 "양치기 소년" 동화를 제시하였는데, 양치기 소년은 무슨 해로움을 알지 못하여 양들을 모두 잃었는가?
5. (스스로에게) 관련 내용에 대해 다른 질문을 하고 대답해보세요.

故(고) 智將務食於敵(지장무식어적) 食敵一鐘(식적일종) 當吾二十鐘(당오이십종) 芑秆一石(기간일석) 當吾二十石(당오이십석). 故(고) 殺敵者(살적자) 怒也(노야) 取敵之利者(취적지리자) 貨也(화야). 車戰得車十乘以上(차전득차십승이상) 賞其先得者(상기선득자) 而更其旌旗(이경기성기) 車雜而乘之(차잡이승지) 卒善而養之(졸선이양지). 是謂勝敵而益强(시위승적이익강). 故兵貴勝(고병귀승) 不貴久(불귀구). 故知兵之將(고지병지장) 民之司命(민지사명) 國家安危之主也(국가안위지주야).

그러므로 지혜로운 장수는 적지에서 먹을 것을 구하는 데에 힘쓰니, 적의 식량 1종을 구함은 나의 20종에 해당하며, 적의 말 먹이(콩깍지와 볏짚) 1석은 나의 20석에 해당된다. 그러므로 적을 죽이는 것은 적개심으로 하고, 적에게 이득을 취하는 것은, 재물로 한다. 전차전에서 적의 전차 10대 이상을 얻으면, 그 먼저 얻은 자에게 상을 주고, 그 전차에 깃발을 바꾸어 달고, 아군 전차를 섞어 운용하며, 포로에게 잘 대우해주니, 이를 일러 적에게 이길수록 더욱 강해진다고 한다. 그러므로 <u>전쟁은 승리가 귀중한 것</u>[6]이지, 오래 끄는 것이 귀한 것이 아니다. 그러므로 전쟁의 이러한 속성을 아는 장수는, 백성의 생명을 맡을 만한 인물이요, 국가 안위에 관한 일을 맡을 수 있는 주인이다.

---

6 사례 : 성냥팔이 소녀, 꿈(희망)이 없으면 무기력해진다

智 지혜	務 힘쓰다, 일
食 먹을거리, 밥	鐘 단위, 씨앗
當 균형 있다, 마땅히 ~한다	芑 꽁깍지, 상추
稈 볏짚	石 ~섬, 돌
殺 죽이다	怒 사기, 적개심, 성내다
賞 상을 주다	更 고치다, 다시
旌 (사기 고무할 때 사용) 기	旗 붉은 기
雜 뒤섞이다	養 양생하다, 잘 대해주다
是 이, 바르다	謂 이르다, 생각건대
益 더하다, 증가	强 강하다, 굳세다
司 맡다, 벼슬	命 목숨, 생명
危 위태하다	主 주인, 임금

사례

성냥팔이 소녀,
꿈(희망)이 없으면 무기력해진다

　어느 추운 겨울날, 어린 작은 소녀가 얇은 옷을 입고 추위에 떨며 성냥을 팔고 있었다. 소녀는 성냥을 팔지 못하면 아버지에게 혼나기 때문에 성냥이 다 팔리기 전까지는 집에 돌아갈 수 없었다. 그러나 거리의 사람들은 소녀를 본체만체하였고 아무도 성냥을 사지 않았다.
　소녀는 너무 추워서 성냥에 불을 붙였다. 소녀는 성냥의 불꽃과 함께 따뜻한 난로, 칠면조 음식이 놓인 식탁, 크리스마스트리 환상이 나타났다가 불꽃이 꺼지면 함께 사라지는 신기한 체험을 하였다.
　하늘 저 멀리에서 별똥별이 떨어지는 모습을 보면서 별똥별은 누군가 죽어가는 것을 상징한다던 할머니의 말이 떠올랐다. 다음 성냥 불꽃에는 할머니의 환영이 나타났다. 성냥의 불꽃이 사라지자, 할머니가 사라지는 것을 두려워한 소녀는 당황해 갖고 있던 성냥에 모두 불을 붙였다. 할머니의 모습은 밝은 빛에 휩싸이면서 소녀를 부드럽게 끌어안으며 함께 천국으로 갔다.
　이른 아침 소녀는 성냥들을 안고 행복한 미소를 지으며 죽어 있었다. 그 광경을 본 사람들은 모두 한마음 한뜻으로 소녀를 위해 기도하고 눈물을 흘렸다.

손자를 넘어 상위 1% 사상으로 올라서기

1. 당신은 '성냥팔이 소녀'를 읽고 느낀 점은 무엇인가?
2. 소녀는 어떻게 하면 성냥을 잘 팔 수 있었을까?
3. 성냥팔이 소녀와 같이 가장 힘들었을 때 당신은 어떻게 행동할 것인가?
4. 손자병법 "전쟁은 승리가 귀중한 것이지(兵貴勝[병귀승])" 사례에 "성냥팔이 소녀" 동화를 제시하였는데, 성냥팔이 소녀는 성냥을 잘 팔아서 행복하게 살 수 있었는데 성냥 팔기를 포기한 이유가 무엇이라 생각하는가?
5. (스스로에게) 관련 내용에 대해 다른 질문을 하고 대답해보세요.

第三

謀攻篇
(모공편)

孫子曰(손자왈) 凡用兵之法(범용병지법) 全國爲上(전국위상) 破國次之(파국차지). 全軍爲上(전군위상) 破軍次之(파군차지). 全旅爲上(전려위상) 破旅次之(파려차지). 全卒爲上(전졸위상) 破卒次之(파졸차지). 全伍爲上(전오위상) 破伍次之(파오차지).

是故(시고) 百戰百勝(백전백승) 非善之善者也(비선지선자야). 不戰而屈人之兵(부전이굴인지병) 善之善者也(선지선자야). 故上兵伐謀(고상병벌모) 其次伐交(기차벌교) 其次伐兵(기차벌병) 其下攻城(기하공성). 攻城之法(공성지법) 爲不得已(위부득이). 修櫓轒轀(수로분온) 具器械(구기계) 三月而後成(삼월이후성) 距闉又三月而後已(거인우삼월이후이).

손자가 말하기를, 무릇 용병의 법에 있어서, 나라를 온전하게 함이 가장 좋은 것이고, 나라를 파괴하는 것이 그 다음으로 여긴다. 군을 온전하게 함이 가장 좋은 것이고, 군을 파괴하는 것이 그 다음으로 여긴다. 려를 온전하게 함이 가장 좋은 것이고, 려를 파괴하는 것이 그 다음으로 여긴다. 졸을 온전하게 함이 가장 좋은 것이고, 졸을 파괴하는 것이 그 다음으로 여긴다. 오를 온전하게 함이 가장 좋은 것이고, 오를 파괴하는 것이 그 다음으로 여긴다.

그러므로 백 번 싸워 백 번 이기는 것은, 최선의 방법이 아니며, 싸우지 않고 적군을 굴복시키는 것이, 최선의 방법이다.[7] 그러므로 가장

---

[7] 사례 : 토끼와 자라, 제대로 알지 못하면 모든 것을 잃을 수 있다

좋은 용병법은 적의 꾀(계략)를 치는 것이고, 그 다음은 적의 외교관계를 치는 것이고, 그 다음은 군대를 치는 것이고, 최하는 적의 성을 공격하는 것이다. 성을 공격하는 것은, 부득이하여 하는 것이다. 방패와 공성용 수레를 수리하고, 각종 장비를 갖추는 것이 3개월이 지나야 이뤄진다. 성벽 공격용 망루도 또한 3개월이 지나야 완성되는 것이다.

全 온전하다, 전체	上 가장 뛰어남, 상, 임금
破 깨뜨리다	次 다음, 뒤를 잇다
軍 12,500명 규모 부대	旅 500명 규모 부대
卒 100명 규모 부대	伍 5명 규모 부대
非 아니다	屈 굴복시키다, 굽히다
伐 치다, 베다	謀 꾀, 책략, 권모술수
交 사귀다, 외교, 동맹	城 성, 나라, 도읍
已 이미, 말다	修 고치다, 닦다
櫓 방패	轒 성을 공격 때 쓰는 수레
輼 와거, 쌓다	轒輼 공성용 수레
具 갖추다	器 기계, 그릇
械 기구, 도구	器械 각종 장비
距 이르다, 떨어지다	堙 사닥다리, 막다
距堙 성벽 공격용 망루	又 다시

사례

토끼와 자라,
제대로 알지 못하면 모든 것을 잃을 수 있다

옛날 옛적에 용왕이 병에 걸려 아무리 좋은 약을 써도 낫지 않고 몸은 계속 약해져 갔다. 그러던 어느 날 용왕의 꿈에 신령이 나타나 육지에 사는 토끼의 간을 먹으면 나을 수 있다고 하였다.

용왕은 바다 동물들을 모두 불러 모아 누가 육지에 사는 토끼의 간을 구해 오겠느냐고 물었다. 바다 동물이라 대부분이 육지에 나가면 살 수 없었고, 다행히 육지에 머무를 수 있는 자라가 토끼의 간을 가져오겠다고 하였다. 자라는 육지로 올라가 토끼를 찾아 헤맸고 오랜 고생 끝에 토끼를 만났다. 토끼에게 좋은 구경을 시켜주겠다며 용궁으로 같이 가자고 했으나 토끼는 이곳이 좋다며 용궁으로 가기가 싫다고 하였다. 자라는 용왕께서 토끼에게 큰 상과 벼슬을 줄 것이라고 토끼를 꼬여 용궁으로 데려갔다.

용왕은 토끼를 보자마자 간부터 내놓으라고 했다. 토끼는 그제서야 자라에게 속은 줄 알고 재빨리 꾀를 부렸다. 토끼는 자기 간을 노리는 자가 많아 집에 잘 숨겨놓았으니 자라와 함께 가서 가져오겠다고 용왕에게 이야기하였다. 용왕의 허락을 받은 토끼는 자라와 함께 육지로 올라오자마자 세상에 누가 자기 간을 꺼내놓고 살 수 있느냐며 자라에게 말하고 멀리 도망가 버렸다.

손자를 넘어 상위 1% 사상으로 올라서기

1. 당신은 '토끼와 자라'를 읽고 느낀 점은 무엇인가?
2. 용왕은 토끼의 간을 어떻게 해야 먹을 수 있었을까?
3. 자라는 토끼의 간을 얻으려면 어떻게 하여야 했는가?
4. 손자병법 "싸우지 않고 적군을 굴복시키는 것이, 최선의 방법이다(不戰而屈人之兵[부전이굴인지병] 善之善者也[선지선자야])." 사례에 "토끼와 자라" 동화를 제시하였는데, 토끼가 용왕과 싸우지도 않고 살 수 있었던 이유는 무엇이라 생각하는가?
5. (스스로에게) 관련 내용에 대해 다른 질문을 하고 대답해보세요.

將不勝其忿(장불승기분) 而蟻附之(이의부지) 殺士卒三分之一(살사졸삼분지일) 而城不拔者(이성불발자) 此攻之災也(차공지재야). 故(고) 善用兵者(선용병자) 屈人之兵(굴인지병) 而非戰也(이비전야) 拔人之城(발인지성) 而非攻也(이비공야). 毁人之國(훼인지국) 而非久也(이비구야). 必以全爭於天下(필이전쟁어천하). 故(고) 兵不鈍而利可全(병부둔이리가전) 此謀攻之法也(차모공지법야). 故(고) 用兵之法(용병지법) 十則圍之(십즉위지) 五則攻之(오즉공지) 倍則分之(배즉분지). 敵則能戰之(적즉능전지) 少則能守之(소즉능수지) 不若則能避之(불약즉능피지). 故(고) 小敵之堅(소적지견) 大敵之擒也(대적지금야). 夫將者(부장자) 國之輔也(국지보야) 輔周則國必强(보주즉국필강) 輔隙則國必弱(보극즉국필약).

故軍之所以患於君者三(고군지소이환어군자삼). 不知軍之不可以進(부지군지불가이진) 而謂之進(이위지진) 不知軍之不可以退(부지군지불가이퇴) 而謂之退(이위지퇴) 是謂縻軍(시위미군).

장수가 분노를 이기지 못하고 준비 없이 병사들을 성벽에 개미떼처럼 붙어 기어오르게 하여, 사졸 3분의 1을 죽이고도 성을 빼앗지 못하면, 이는 공격의 재앙이다. 그러므로 용병을 잘하는 자는, 적의 군대를 굴복시키되, 싸우지 않고, 성을 빼앗되, 공성 없이 하고, 적국을 무찌르되, 오래 끌지 않는다. 반드시 온전함으로써 천하를 다툰다. 군대를 둔하게 하지 않고 이익을 온전케 하는 것이니, 이것이 모공의 방법이다. 그러므로 용병법은 적보다 10배이면 포위하고, 5배이면 공격하며, 2배이면 나누어 운용한다. 적이 대등하면 맞서 잘 싸우고, 적보다 적으면 잘 지키고, 상대가 안 되면 잘 피해야 한다. 그러므로 적은 부대가 견고하게 버티다가는 많은 적에게 사로잡힐 것이다. 무릇 장수는 나라의 중요한 보좌이니, 보좌가 치밀하면 나라는 반드시 강해지고, 보좌가 엉성하면 나라는 반드시 약해진다.[8]

그러므로 군대에 군주가 근심을 끼치는 일이 세 가지가 있다. 군이 나아가서는 안 됨을 알지 못하고, 나아가게 하고, 군이 물러나서는 안 됨을 알지 못하고, 물러나게 하면, 이를 일러 군을 속박한다고 한다.

忿 분노, 성내다	蟻 개미
附 붙다, 기대다	拔 빼앗다, 공략하다
災 재앙, 화재	毀 무찌르다
久 오래다	鈍 둔하다, 무디다
圍 둘러싸다, 포위하다	倍 배, 곱절
分 나누다	少 적다
守 지키다	若 같다
避 피하다	堅 견고하게 하다
擒 사로잡다, 생포하다	夫 무릇, 지아비
輔 보좌, 보조역, 덧방나무	周 두루, 치밀하다
隙 틈, 구멍, 엉성하다	弱 약하다
强 강하다, 굳세다	患 근심, 걱정
進 나아가다, 전진하다	退 물러나다, 퇴각하다
縻 얽어매다, 고삐	

---

8 사례 : 벌거벗은 임금님. 깊이 살피지 않으면 상대에게 당한다

第三. 謀攻篇(모공편)

사례

벌거벗은 임금님,
깊이 살피지 않으면 상대에게 당한다

    옛날 어느 나라에 무능하고 새 옷만 좋아하는 사치스러운 임금님이 있었다. 어느 날 두 명의 재단사가 나타나 세상에서 제일 아름답지만, 멍청이에게는 보이지 않는 옷을 만들겠다고 임금님께 말했다. 임금님은 매우 기뻐하며 그들에게 거액의 돈을 주며 옷을 만들어 오라고 하였다.

    임금님은 재단사들을 믿지 못하여 신하를 보내 옷이 잘 만들어지는지를 확인하게 하였다. 신하의 눈에는 재단사들이 허공에 대고 열심히 옷을 만들고 있는 것처럼은 보였으나 실제 옷은 보이지 않았다. 하지만 신하는 세상 사람들에게 자기가 멍청이로 보이는 것이 두려워 옷은 잘 만들어지고 있다며 임금님께 거짓말을 했다. 그 이후 보낸 다른 신하들도 옷이 잘 만들어지고 있다고 계속 거짓말을 하였다.

    드디어 재단사들이 옷을 만들어 가져왔다. 임금님도 옷이 안 보이긴 마찬가지였지만 신하들이 그동안 옷이 잘 보인다고 했으니 자기만 안 보인다고 하면 백성들이 자기를 멍청이라고 손가락질할 것이 두려워 매우 아름다운 옷이라고 극찬하였다. 그리고 재단사들은 황제에게 그 옷을 입혔다.

    임금님은 세상에서 가장 아름답지만, 멍청이에게는 보이지 않는 옷을 입고서 거리 행차를 나갔다. 신하들과 백성은 임금님의 옷이 보이지 않았지만, 멍청이가 되고 싶지 않아 차마 말을 꺼내지 못했다. 그때 한 꼬마가 벌거벗은 임금님이라고 소리치자 그 자리에 있던 신하들과 임금님은 자신이 멍청이가 아니라 실제 옷이 없다는 것을 알아차렸다. 그러나 임금님은 체면 때문에 벌거벗은 채 행차를 계속하였다.

손자를 넘어 상위 1% 사상으로 올라서기

1. 당신은 '벌거벗은 임금님'을 읽고 느낀 점은 무엇인가?
2. 당신은 주위 사람들 시선에 얼마만큼 신경을 쓰는가?
3. 신하가 임금님께 옷이 없다고 말했다면 임금님은 어떻게 하였을까?
4. 손자병법 "보좌가 엉성하면 나라는 반드시 약해진다(輔隙則國必弱[보극즉국필약])." 사례에 "벌거벗은 임금님" 동화를 제시하였는데, 신하들은 임금님에게 왜 거짓말을 하였고, 임금님은 그것을 알지 못했다고 생각하는가?
5. (스스로에게) 관련 내용에 대해 다른 질문을 하고 대답해보세요.

不知三軍之事(부지삼군지사) 而同三軍之政(이동삼군지정) 則軍士惑矣(즉군사혹의). 不知三軍之權(부지삼군지권) 而同三軍之任(이동삼군지임) 則軍士疑矣(즉군사의의). 三軍旣惑且疑(삼군기혹차이) 則諸侯之難至矣(즉제후지난지의) 是謂亂軍引勝(시위란군인승).

故知勝有五(고지승유오). 知可以與戰不可以與戰者勝(지가이여전불가이여전자승). 識衆寡之用者勝(식중과지용자승). 上下同欲者勝(상하동욕자승). 以虞待不虞者勝(이우대불우자승). 將能而君不御者勝(장능이군불어자승). 此五者知勝之道也(차오자지승지도야).

故曰(고왈) 知彼知己(지피지기) 百戰不殆(백전불태). 不知彼而知己(불지피이지기) 一勝一負(일승일부). 不知彼不知己(불지피불지기) 每戰必敗(매전필패).

삼군의 일을 모르고 삼군의 행정에 개입하면, 군사들은 미혹스럽게 될 것이다. 삼군의 임기응변(權)을 모르고 삼군의 작전을 간섭하면, 군사는 의심하게 된다. 삼군이 이미 미혹되고, 또한 의심하게 되면, 인접 제후의 난이 이르게 된다. 이러하면 군을 어지럽게 하여 승리를 잃게 되는 것이다.

그러므로 승리를 아는 것에는 다섯 가지 조건이 있다. 더불어 싸워야 할지, 더불어 싸우지 말아야 할지를 아는 자는 이긴다. 병력의 많고 적음에 맞게 작전을 사용하는 자는 이긴다. 상하가 하고자 하는 바가 같으면 이긴다. 헤아려 준비된 자는 그렇지 못한 자를 기다리면 이긴다. 장수가 유능하고 군주가 간섭하지 않는 자는 이긴다. 이 다섯 가지는 승리를 아는 길이다.

그러므로 적을 알고 나를 알면 백 번 싸워도 위태롭지 않다.<u> </u>⁹ 적을 모르고 나를 알면 한 번은 이기고 한 번은 진다. 적을 모르고 나도 모르면 매 싸움에서 반드시 패한다.

同 개입하다, 같게, 함께	政 정사(政事)
惑 미혹하다, 정신 못차리다	權 임기응변, 경중, 대소 분별
任 작전, 소임, 맡은 일	疑 의심하다
矣 문장 끝에 단정의 어조사	旣 이미, 벌써
同 같다, 간섭하다	且 또한
難 난, 어렵다	至 이르다, 도래하다
亂 어지럽다, 반역	引 물러서다, 끌다
與 더불어, 같이	識 알다, 지식
衆 많은 사람, 무리	寡 적다
欲 하고자 하다, 욕구	虞 헤아리다
待 기다리다, 대비하다	御 어거하다, 다스리다
道 길, 이치	彼 타인, 저 사람
己 자기, 다스리다	殆 위태로워하다
負 지다	每 늘, 언제나
敗 무너지다, 깨뜨리다	

---

9 사례 : 훈장님의 꿀단지, 거짓말은 큰 손해를 입힌다

사례

훈장님의 꿀단지,
거짓말은 큰 손해를 입힌다

옛날 어느 서당에 훈장님이 있었는데 아이들 공부 시간에 몰래 꿀을 꺼내 먹는 버릇이 있었다. 한 아이가 훈장님께 무엇을 드시냐고 묻자, 훈장님은 어른들만 먹는 약으로 애들이 먹으면 죽는다고 거짓말을 했다. 하지만 그중 영리한 아이가 훈장님이 거짓말하는 것을 눈치채고 훈장님이 멀리 잔칫집에 가고 없자 친구들과 함께 벽장에 있던 단지를 꺼냈다. 영리한 아이는 단지에 있던 것이 꿀이라는 것을 알고 친구들과 모두 먹어버리고 꿀이 모두 없어진 사실을 알면 훈장님께 혼이 날 것이 걱정되어 꾀를 내었다.

훈장님이 아끼시는 벼루를 마당에다 내팽개쳐 깨뜨려버리고 훈장님이 오시자, 아이들은 배가 아프다고 뒹굴었다. 훈장님은 그 모습을 보고 무슨 일이냐고 묻자, 장난을 치다가 훈장님이 아끼시던 벼루를 깨뜨려 죽을 작정으로 훈장님의 약을 다 먹었다고 하였다. 자초지종 이야기를 들은 훈장님은 단지에 있던 것은 꿀이었다는 사실을 털어놓으며 학생들을 용서하였다. 그 이후로 훈장님은 아이들 몰래 무엇을 먹지 않았다.

손자를 넘어 상위 1% 사상으로 올라서기

1. 당신은 '훈장님의 꿀단지'를 읽고 느낀 점은 무엇인가?

2. 학생들이 훈장님의 꿀을 몰래 모두 먹어버린 것에 대해 어떻게 생각하는가?

3. 벼루를 깨뜨리지 않고 훈장님께 혼나지 않을 방법은 무엇이 있을까?

4. 손자병법 "적을 알고 나를 알면 백 번 싸워도 위태롭지 않다(知彼知己[지피지기] 百戰不殆[백전불태])." 사례에 "훈장님의 꿀단지" 동화를 제시하였는데, 영리한 아이는 훈장님의 꿀도 먹어버렸고 벼루도 깨뜨렸는데 훈장님은 왜 벌하지 않았을까?

5. (스스로에게) 관련 내용에 대해 다른 질문을 하고 대답해보세요.

第四

軍形篇
(군형편)

孫子曰(손자왈) 昔之善戰者(석지선전자) 先爲不可勝(선위불가승) 以待敵之可勝(이대적지가승). 不可勝在己(불가승재기) 可勝在敵(가승재적). 故善戰者(고선전자) 能爲不可勝(능위불가승) 不能使敵之必可勝(불능사적지필가승).

故曰(고왈) 勝可知不可爲(승가지불가위). 不可勝者守也(불가승자수야) 可勝者攻也(가승자공야). 守則不足(수즉부족) 攻則有餘(공즉유여).

善守者(선수자) 藏於九地之下(장어구지지하) 善攻者(선공자) 動於九天之上(동어구천지상). 故能自保而全勝也(고능자보이전승야).

손자가 말하기를, 옛날에 싸움을 잘하는 자는, 먼저 적이 이기지 못하도록 태세를 갖추고, 적을 이길 수 있는 기회를 기다렸다. 이길 수 없음은 나에게 달려 있고, 이길 수 있음은 적에게 달려 있다. 그러므로 싸움을 잘하는 자는 능히 이기지 못하게 할 수는 있으나, 적으로 하여금 아군이 반드시 이기게 할 수는 없다.

그러므로 승리를 가히 알 수는 있으나, 그렇게 만들 수는 없다. 이길 수 없는 적이면 잘 지키고, 이길 수 있는 적이면 공격한다. 지키는 것은 곧 부족하기 때문이요, 공격함은 곧 여유가 있기 때문이다.

잘 지키는 자는 땅속 깊이 숨듯 하고, 공격을 잘하는 자는 하늘 위에서 움직이듯 한다. 그러므로 능히 스스로 보존하여 온전히 승리를

할 수 있다.[10]

昔 옛날, 예	善戰者 싸움을 잘하는 자
先爲 먼저 만들다	待 기다리다
在 있다	使 하여금
餘 여유가 있다, 남다	藏 숨다, 감추다
於 ~에, ~에서	動 움직이다
保 지키다, 보존하다	軍形 군의 태세

---

10 사례 : 갈대와 참나무. 자만은 일을 망친다

사례

갈대와 참나무,
자만은 일을 망친다

어느 넓은 들판에 커다란 참나무와 갈대가 있었다. 커다란 참나무는 조그마한 바람에도 흔들거리는 갈대를 비웃으며 자기 자랑을 하였다. 나는 갈대처럼 연약하지도 않고, 키도 커서 바람이 세차게 불어도 아무런 이상이 없다는 거였다. 참나무는 으스대며 서 있었고, 갈대는 미소를 지으며 바람에 흔들리고 있었다.

비바람이 세차게 불던 어느 날, 커다란 참나무는 비바람에 못 이겨 부러지고 뿌리까지 뽑혀 강물에 떠내려가 버렸다. 하지만 갈대는 여전히 바람에 몸을 맡기며 흔들리고 있었다.

손자를 넘어 상위 1% 사상으로 올라서기

1. 당신은 '갈대와 참나무'를 읽고 느낀 점은 무엇인가?
2. 커다란 참나무와 갈대의 장점은 각각 무엇이라 생각하는가?
3. 당신의 장점들은 무엇인가? 그 장점을 어떻게 활용하고 있는가?
4. 손자병법 "스스로 보존하여 온전히 승리를 할 수 있다(自保而全勝也[자보이전승야])." 사례에 "갈대와 참나무" 동화를 제시하였는데, 참나무는 세찬 비바람에 부러지고 강물에 떠내려가 버렸는데 갈대는 왜 평소와 같았을까?
5. (스스로에게) 관련 내용에 대해 다른 질문을 하고 대답해보세요.

見勝不過衆人之所知(견승불과중인지소지) 非善之善者也(비선지선자야). 戰勝而天下曰善(전승이천하왈선) 非善之善者也(비선지선자야). 故擧秋毫不爲多力(고거추호불위다력) 見日月不爲明目(견일월불위명목) 聞雷霆不爲聰耳(문뢰정불위총이). 古之所謂善戰者(고지소위선전자) 勝於易勝者也(승어이승자야).

故善戰者之勝也(고선전자지승야) 無智名(무지명) 無勇功(무용공). 故其戰勝不忒(고기전승불특) 不忒者(불특자) 其所措勝(기소조승) 勝已敗者也(승이패자야). 故善戰者(고선전자) 立於不敗之地(입어불패지지) 而不失敵之敗也(이불실적지패야). 是故(시고) 勝兵(승병) 先勝而後求戰(선승이후구전) 敗兵(패병) 先戰而後求勝(선전이후구승). 善用兵者(선용병자) 修道而保法(수도이보법). 故(고) 能爲勝敗之政(능위승패지정).

승리를 볼 때 많은 사람들이 아는 바에 불과함은, 최고 수준이 아니다. 전쟁에 이겨서 천하가 잘 싸웠다고 한다면, 이것도 최고 수준이 아니다. 고로 가을갈이하는 가는 털을 들었다고 힘이 세다고 하지 않으며, 해와 달을 본다고 눈이 밝다고 하지 않으며, 천둥소리를 듣는다고 귀가 밝다고 하지 않는다. 예로부터 소위 싸움을 잘하는 자는 이기기 쉬운 자에게 이긴 것이다.

그러므로 싸움을 잘하는 자의 승리에는, 지혜로운 이름도 없고, 용맹스러운 공도 없다.[11] 그러므로 그 싸움의 승리는 어긋남이 없으니, 어긋남이 없는 것은, 그 조치하는 바가 이기는 조건을 만듦이, 이미 패배한 자에게 이기는 것이기 때문이다. 그러므로 싸움을 잘하는 자는 불패의 위치에 서서, 적의 패할 기회를 놓치지 않는다. 이런 까닭에 승리하는 군대는 먼저 이겨놓고 싸움을 구하며, 패배하는 군대는 먼저 싸우고 나서 승리를 구한다. 용병을 잘하는 자는 도를 닦고 법을 보존한다. 그러므로 능히 승패의 정치를 잘한다.

見 보다, 소견	所 바, 장소
曰 말하다, 이르다	擧 들
秋 가을	毫 가는 털
多力 힘이 많다(세다)	明目 눈이 밝다
聞 듣다	雷 천둥, 우레
霆 천둥소리, 번개	聰 귀가 밝다, 듣다
易 쉽다, 바꾸다	智名 지혜로운 이름
勇功 용맹스런 공	忒 어긋나다, 변하다
措 들다, 두다	立 서다, 확고히 서다
失 놓치다, 잃다	求 구하다
修 닦다, 고치다, 다스리다	政 정사, 정치

---

11 사례 : 사자와 생쥐. 자신의 장점은 어디서든 빛을 발할 수 있다

사례

사자와 생쥐,
자신의 장점은 어디서든 빛을 발할 수 있다

어느 맑은 날 사자는 편히 단잠을 즐기고 있었는데 생쥐 한 마리가 사자의 얼굴에 부딪혔다. 단잠에서 깨어난 사자가 매우 화를 내며 단숨에 생쥐를 죽이려고 하자 생쥐는 살려달라고 애원하며 나를 살려주면 꼭 은혜를 갚겠다고 사정했다. 그 말에 사자는 너 같은 조그마한 생쥐가 어떻게 나를 도울 수가 있다는 것이냐라고 비웃으며 그냥 놓아주었다.

얼마 후 사자가 숲속을 거닐다 그물에 걸리고 말았다. 사자는 으르렁 소리를 내며 발버둥을 쳤지만 그물에서 빠져나올 수 없었다. 이때 생쥐가 사자의 울음소리를 듣고 도우러 달려왔다. 생쥐는 그물을 열심히 갉아대기 시작했고, 얼마 지나지 않아 그물에 큰 구멍이 생겨 사자는 풀려났다.

생쥐는 당신이 나를 작다고 비웃었지만 나처럼 작은 생쥐도 얼마든지 커다란 사자를 도울 수 있다는 것을 보여줬다며 뿌듯해하며 사라졌다.

손자를 넘어 상위 1% 사상으로 올라서기

1. 당신은 '사자와 생쥐'를 읽고 느낀 점은 무엇인가?
2. 당신은 사자처럼 자신보다 힘없고 약한 사람을 무시한 적이 있었는가?
3. 생쥐는 사자와의 약속을 잊지 않고 사자를 구했는데 어떻게 생각하는가?
4. 손자병법 "싸움을 잘하는 자의 승리에는, 지혜로운 이름도 없고, 용맹스러운 공도 없다(善戰者之勝也[선전자지승야] 無智名[무지명] 無勇功[무용공])." 사례에 "사자와 생쥐" 동화를 제시하였는데, 생쥐는 지혜로운 이름이나 용맹스럽지도 않지만 동물의 왕 사자를 구했다. 생쥐가 갖고 있는 힘은 무엇이라고 생각하는가?
5. (스스로에게) 관련 내용에 대해 다른 질문을 하고 대답해보세요.

兵法(병법) 一曰度(일왈도) 二曰量(이왈량) 三曰數(삼왈수) 四曰稱(사왈칭) 五曰勝(오왈승). 地生度(지생도) 度生量(도생량) 量生數(양생수) 數生稱(수생칭) 稱生勝(칭생승).

故勝兵(고승병) 若以鎰稱銖(약이일칭수) 敗兵(패병) 若以銖稱鎰(약이수칭일). 勝者之戰(승자지전) 若決積水於千仞之谿者 形也(약결적수어천인지계자형야).

병법에서 첫째는 도(면적의 계측), 둘째는 양(자원의 양), 셋째는 수(군사의 수), 넷째는 칭(전력의 비교), 다섯째는 승(승리 예측)이다. 지형이 넓이를 좌우하고, 넓이가 자원량을 좌우하고, 자원량이 군사의 수를 좌우하고, 군사의 수가 전력 비교를 좌우하고, 전력 비교가 승리를 좌우한다. 그러므로 승리하는 군대는, 큰 것으로써 작은 것을 저울질하는 것과 같고, 패하는 군대는 작은 것으로써 큰 것을 저울질하는 것과 같다. 이기는 자의 싸움은, 마치 천 길 계곡 위에 막아둔 물을 터뜨리는 것과 같은 것이니 형세(군대의 태세)이다. [1][2]

度 국량(면적의 계측), 법도	量 양, 길이, 헤아리다
數 셈, 세다	稱 저울, 일컫다
若 같다	鎰 중량(= 24냥)
銖 무게단위(1/24냥)	決 터지다
積 쌓다	仞 길
谿 계곡	形 형세, 모양

---

12 사례 : 바보 이반, 성실함은 어떠한 난관도 극복할 수 있다

사례

바보 이반,
성실함은 어떠한 난관도 극복할 수 있다

    어느 마을에 한 농부가 네 명의 자식과 행복하게 살았는데 첫째 아들은 군인, 둘째 아들은 상인, 셋째 아들 이반은 성실한 농부, 막내딸은 벙어리였다. 첫째와 둘째는 아버지 재산 3분의 1을 각각 받아서 나갔다. 이반은 농사를 지으며 아버지를 돌보았다. 이때 지하에서 살던 악마는 삼형제가 우애 있게 지내는 것이 못마땅하여 이간질하려 하였다. 첫째 악마는 첫째 아들이 전쟁할 때 화약을 물에 담가버려 싸움에서 크게 패하고 관직과 토지를 몰수당하고 감옥에 갇히게 하였다. 둘째 악마는 둘째 아들이 욕심 많은 것을 알고 큰돈을 빌려 사치하도록 하여 채무자들에게 쫓기게 하였다. 첫째와 둘째는 악마의 계략에 말려들어 지위와 부를 잃고 간신히 아버지 집으로 도망쳤다. 셋째 악마는 이반이 농사일을 하지 못하도록 배를 아프게 했지만 이반은 꾹 참고 밭일을 마쳤다.

    악마들은 힘을 합쳐 이반을 계속해서 방해하였다. 첫째 악마는 땅속에 들어가 농작물이 자라지 못하게 하였지만 이반은 땅속 첫째 악마의 귀를 빼내 귀를 놓아준 대가로 아픈 배를 치료하는 약초 세 개를 받았다. 둘째 악마는 땅을 딱딱하게 만들었지만 이반에게 붙잡혀 군사를 만드는 주문을 알려주었다. 셋째 악마는 이반이 장작을 자르지 못하게 하다가 이반에게 붙잡혀 금화를 만드는 주문을 알려주었다. 어느 날

이반은 첫째가 군사가 필요하다고 해서 군사를 만들어주었고, 둘째가 돈이 필요하다고 하여 금화를 만들어주었다. 하지만 첫째와 둘째가 사람들을 괴롭히며 사기를 치자 더 이상 요청을 들어주지 않았다. 궁궐의 공주님 병이 날로 악화하자 이반은 공주님 병을 치료하기 위해 떠났다. 궁궐로 가는 길에 전염병에 걸린 강아지와 손이 굽은 여자 거지에게 약초를 모두 주어 병을 고쳐주었다. 약초가 없는 이반은 공주님을 찾아가 웃기만 하였는데 신기하게도 공주님의 병이 다 나았고, 공주님과 결혼하여 왕이 되었다.

손자를 넘어 상위 1% 사상으로 올라서기

1. 당신은 '바보 이반'을 읽고 느낀 점은 무엇인가?
2. 당신은 첫째 · 둘째 · 셋째 아들 중 누가 바보라고 생각하는가?
3. 첫째 아들과 둘째 아들이 아버지와 이반에게 요구했던 일을 어떻게 생각하는가?
4. 손자병법 "이기는 자의 싸움은, 마치 천길 계곡 위에 막아둔 물을 터뜨리는 것과 같은 것이니 형세(군대의 태세)이다(勝者之戰[승자지전] 若決積水於千仞之谿者形也[약결적수어천인지계자형야])." 사례에 "바보 이반" 동화를 제시하였는데, 이반은 세 악마를 물리쳤는데 이반이 갖고 있는 힘은 무엇이라고 생각하는가?
5. (스스로에게) 관련 내용에 대해 다른 질문을 하고 대답해보세요.

第五

兵勢篇
(병세편)

孫子曰(손자왈) 凡治衆如治寡(범치중여치과) 分數是也(분수시야). 鬪衆如鬪寡(투중여투과) 形名是也(형명시야). 三軍之衆(삼군지중) 可使必受敵而無敗者(가사필수적이무패자) 奇正是也(기정시야).

兵之所加(병지소가) 如以碬投卵者(여이하투란자) 虛實是也(허실시야). 凡戰者(범전자) 以正合(이정합) 以奇勝(이기승). 故善出奇者(고선출기자) 無窮如天地(무궁여천지) 不竭如江海(불갈여강해).

終而復始(종이복시) 日月是也(일월시야). 死而復生(사이복생) 四時是也(사시시야).

손자가 말하기를, 무릇 많은 무리를 다스림이 소수의 사람을 다스림과 같이 할 수 있는 것은, 부대편성 덕분이다. 많은 무리를 싸우게 함이 소수의 사람을 싸우게 함과 같이 할 수 있는 것은, 지휘통제 수단 덕분이다. 삼군의 무리로, 반드시 적을 맞아 패함이 없게 하는 것[13]은, 기정(奇正) 활용의 덕분이다.

군사를 투입하는 바가, 마치 숫돌로 알을 치듯이 하는 것은, 허실 활용의 덕분이다. 무릇 싸움은 정(正)으로써 대하고, 기(奇)로써 이긴다. 그러므로 기를 잘 쓰는 자는, 천지와 같이 막힘이 없고, 강이나 바다와 같이 마르지 않는 것이다.

---

13 사례 : 알라딘과 요술램프, 최고의 물건은 사용하는 사람에 따라 달라진다

끝나는가 하면 다시 시작되는 것은, 해와 달과 같다. 죽었는가 하면 다시 살아나는 것은 사계절과 같다.

兵勢 부대의 기세	治 다스리다
寡 적다	分數 부대편성
鬪 싸우다, 다투다	形名 지휘통제 수단
受 얻다, 받아들이다	奇 기이하다, 뛰어나다
正 바르다, 옳은 길	加 더하다
如 같다, 같게 하다	碬 숫돌
投 치다, 던지다	卵 알
虛 허점, 준비가 없다	實 실질, 가득 차다
合 만나다, 합하다	出 나가다, 내다
窮 끝나다, 어려움을 겪다	竭 물이 마르다, 다하다
終 끝, 끝나다	復 다시, 돌아오다
始 시작하다, 처음	四時 사계절

사례

알라딘과 요술램프,
최고의 물건은 사용하는 사람에 따라 달라진다

옛날 옛적에 알라딘이라는 소년은 어머니와 단둘이 가난하지만, 행복하게 살고 있었다. 어느 날 알라딘은 자신을 큰아버지라고 소개한 나쁜 마법사의 꼬임에 빠져 동굴 속에 있는 램프를 가지러 가게 되었다. 동굴 속으로 들어간 알라딘이 램프를 찾은 후 동굴 입구에 다다르자, 밖에서 기다리던 마법사는 램프부터 빨리 달라고 했다. 그러나 알라딘이 주춤거리자, 화가 난 마법사는 입구를 막아버렸고, 알라딘은 꼼짝없이 동굴 속에 갇히게 되었다. 알라딘이 마법사에게서 받았던 마법의 반지를 우연히 문지르게 되었는데 이때 반지에서 거인이 나타나 알라딘에게 무엇이 필요하냐며 물었고, 집에 데려달라는 알라딘의 소원을 들어주었다.

집에 도착하여 동굴에서 가져온 낡은 램프를 닦다가 램프에서 나타난 커다란 거인이 알라딘에게 요구하는 것을 들어주겠다고 하였다. 커다란 거인은 알라딘을 부자로 만들어주었고, 알라딘은 왕과 왕비에게 신뢰를 얻으며 공주와 결혼하고 행복한 생활을 하고 있었다. 이런 사실을 알게 된 마법사는 고물장수로 변장하여 알라딘이 궁궐을 비운 사이 공주를 속여 낡은 램프를 빼앗았다. 그리고 궁궐을 옮기고 공주를 납치하였다. 알라딘은 반지의 거인을 통해 공주가 납치된 곳으로 가 공주를 만나 램프를 되찾았고, 램프 속 거인의 힘을 빌려 마법사를 쓰러뜨리고 궁궐과 공주를 다시 원래 있던 곳으로 되돌려 놓았다. 알라딘과 공주는 행복하게 오래오래 살았다.

손자를 넘어 상위 1% 사상으로 올라서기

1. 당신은 '알라딘과 요술램프'를 읽고 느낀 점은 무엇인가?
2. 당신이 요술램프를 갖고 있다면 제일 하고 싶은 3가지는 무엇인가?
3. 요술램프와 로또복권의 차이는 무엇이라 생각하는가?
4. 손자병법 "반드시 적을 맞아 패함이 없게 하는 것(必受敵而無敗者[필수적이무패자])" 사례에 "알라딘과 요술램프" 동화를 제시하였는데, 알라딘은 마법사와 싸움에서 모두 승리하였다. 그 이유는 무엇이라고 생각하는가?
5. (스스로에게) 관련 내용에 대해 다른 질문을 하고 대답해보세요.

聲不過五(성불과오) 五聲之變(오성지변) 不可勝聽也(불가승청야). 色不過五(색불과오) 五色之變(오색지변) 不可勝觀也(불가승관야). 味不過五(미불과오) 五味之變(오미지변) 不可勝嘗也(불가승상야). 戰勢不過奇正(전세불과기정) 奇勢之變(기세지변) 不可勝窮也(불가승궁야). 奇正相生(기정상생) 如循環之無端(여순환지무단) 孰能窮之哉(숙능궁지재).

激水之疾(격수지질) 至於漂石者(지어표석자) 勢也(세야). 鷙鳥之疾(지조지질) 至於毁折者(지어훼절자) 節也(절야). 是故(시고) 善戰者(선전자) 其勢險(기세험) 其節短(기절단). 勢如擴弩(세여확노) 節如發機(절여발기). 紛紛紜紜(분분운운) 鬪亂而不可亂(투란이불가란). 渾渾沌沌(혼혼돈돈) 形圓而不可敗(형원이불가패).

소리는 다섯(궁·상·각·처·우)에 지나지 않으나, 그 변화는 다 들을 수가 없다. 색은 다섯(적·청·황·백·흑)에 지나지 않으나, 그 변화는 다 볼 수가 없다. 맛은 다섯(감·산·함·신·고)에 지나지 않으나, 그 변화는 다 맛볼 수가 없다. 전세는 기와 정에 지나지 않으나, 기정의 변화(운용법)를 다 헤아릴 수 없다. 기정이 상생하는 것은 마치 끝이 없는 고리와 같으니, 누가 능히 이를 다 헤아릴 수 있겠는가?[14]

거세게 흐르는 물이, 돌을 떠내려가게 하니 이것이 세이다. 사나운

---

14 사례 : 귀중한 지게, 부모의 언행은 자녀 그릇의 크기를 정한다

새의 빠른 습격이, 먹이의 뼈를 꺾어버리듯 하니, 이것이 절이다. 이런 이치로, 싸움을 잘하는 자는, 그 기세가 험하고, 그 절은 짧다. 세는 당겨진 활과 같고, 절은 그 활을 쏘는 것과 같다. 어지럽게 엉클어져, 혼란스럽게 싸우지만 혼란스럽게 만들지 못하며, 뒤섞어 혼란스러워, 동그란 진형이 되어도 패배시키지 못한다.

聲 소리	過 지나다
變 변화, 변하다	聽 듣다
勝聽 들을 수 있다	觀 보다
味 맛	嘗 맛보다
循 돌다, 쫓다	環 고리
端 끝	孰 누가
哉 어조사	激 물결이 부딪쳐 흐르다
疾 버릇, 병	漂 물결에 떠서 흐르다
鷙 맹금	鳥 새
擊 부딪치다	毁 상처를 입히다
折 꺾다	毁折 부딪쳐 꺾임
節 절개, 규칙, 마디	險 험하다
短 짧다	擴 넓히다
弩 활	發 쏘다
機 기계	紛 어지러워지다
紜 어지럽다	渾 흐리다
沌 어둡다, 어리석다	

사례

귀중한 지게,
부모의 언행은 자녀 그릇의 크기를 정한다

어느 가난한 시골집에 할머니, 아들, 며느리, 손자가 살고 있었다. 할머니와 손자는 사이가 좋아 신나게 놀며 지냈다. 손자는 할머니를 위해 산에서 열매를 따다 드리고 할머니는 손자의 재롱을 모두 받아주었다.

어느 날 아들은 며칠째 묵묵히 지게를 만들고 있었고, 손자는 자신의 것이냐고 묻자 말없이 지게만 만들었다. 며느리는 정성껏 쌀밥을 지어 할머니에게 드리고, 손자에게 할머니를 귀찮게 하지 말라고 야단을 쳤다.

할머니는 보름달이 뜨자 슬퍼하고 있는 아들을 달래며 괜찮다고 아들을 안심시켰다. 다음날 할머니는 아들의 지게에 실려 산에 올라가는데 손자는 아무것도 모르고 신이 났다. 하지만 할머니를 산에 두고 내려오자, 손자는 아버지에게 울면서 할머니와 함께 집으로 내려가자고 소리쳤다. 아버지가 무시하고 산을 계속 내려오자, 손자는 포기한 듯 울음을 그치고 아버지가 버리려는 지게를 주워서 등에 멨다. 아버지는 지게를 왜 메냐고 묻자, 손자는 나중에 아버지를 위해 써야 하는 귀중한 지게이니 잘 보관해야 한다고 하였다.

아들과 며느리는 크게 반성하고 할머니, 손자와 함께 산에서 내려와 행복하게 살았다.

손자를 넘어 상위 1% 사상으로 올라서기

1. 당신은 '귀중한 지게'를 읽고 느낀 점은 무엇인가?
2. 당신은 아버지가 할머니를 산에 내려놓고 온 것에 대해 어떻게 생각하는가?
3. 손자는 귀중한 지게라며 무엇에 사용하려고 하였을까?
4. 손자병법 "누가 능히 이를 다 헤아릴 수 있겠는가(孰能窮之哉[숙능궁지재])." 사례에 "귀중한 지게" 동화를 제시하였는데, 손자는 어떻게 아버지와 어머니를 설득하여 할머니를 산에서 데려올 수 있었는가?
5. (스스로에게) 관련 내용에 대해 다른 질문을 하고 대답해보세요.

亂生於治(난생어치) 怯生於勇(겁생어용) 弱生於强(약생어강). 治亂數也(치란수야). 勇怯勢也(용겁세야). 强弱形也(강약형야).

故善動敵者(고선동적사) 形之敵必從之(형지적필종지). 予之敵必取之(여지적필취지). 以利動之(이리동지) 以卒待之(이졸대지). 故善戰者(고선전자) 求之於勢(구지어세) 不責之於人(불책지어인).

故能擇人而任勢(고능택인이임세). 任勢者(임세자) 其戰人也(기전인야) 如轉木石(여전목석). 木石之性(목석지성) 安則靜(안즉정) 危則動(위즉동) 方則止(방즉지) 圓則行(원즉행). 故善戰人之勢(고선전인지세) 如轉圓石於千仞之山者勢也(여전원석어천인지산자세야).

어지럽게 보이는 것은 다스려짐에서 나오고, 겁먹는 것처럼 보이는 것은 용기 속에서 나오고, 약하게 보이는 것은 강함에서 나온다. 질서와 혼란은 수(分數, 부대편성)의 문제이다. 용기와 겁 많음은 세의 문제이다. 강하고 약함은 형(부대의 태세)의 문제이다.

그러므로 적을 잘 조정하는 자가, 자신의 형태를 적에게 보여주면 적이 반드시 따른다. 무엇을 주면 적이 반드시 취하려고 한다. 이익을 주어서 움직이게 하고, 정예군사로 이를 기다린다. 그러므로 싸움을 잘하는 자는 승리를 세에서 구하고, 사람에게서 구하지 않는다.

그러므로 능히 사람을 잘 택하여 세를 만들게 한다.[15] 세를 만든다는 것은, 사람들을 싸우게 함에, 목석을 굴리는 것과 같은 것이다. 목석의 성질은, 안정된 데 두면 고요하고, 가파른 데 두면 움직이며, 모나면 정지하고, 둥글면 굴러간다. 그러므로 잘 싸우게 하는 자의 세는, 마치 둥근 돌을 천 길 산에서 굴려 내리는 것과 같으니 이것이 세이다.

亂 어지럽다		怯 겁, 겁내다	
動 움직이다		從 따르다	
予 주다		取 취하다	
責 바라다, 꾸짖다, 책임		擇 고르다, 택하다	
任 맡기다		轉 구르다	
性 성질		靜 고요하다	
危 위		方 모, 각	
止 정지하다		圓 둥글다, 동그라미	

---

15 사례 : 오즈의 마법사, 진정한 친구와 함께 하면 어려움도 이겨낼 수 있다

사례

오즈의 마법사,
진정한 친구와 함께 하면 어려움도 이겨낼 수 있다

드넓은 평원 한복판 외딴집에 도로시라는 소녀가 살았는데 어느 날 갑자기 회오리바람이 불더니 도로시의 집을 오즈의 나라로 날려버렸고 우연히 집 밑에 나쁜 동쪽 마녀가 깔려 죽었다.

이때 착한 북쪽 마녀는 도로시에게 나쁜 동쪽 마녀가 신었던 은색 구두를 선물했다. 도로시는 북쪽 마녀에게 집으로 돌아갈 방법을 물었고, 에메랄드 성에 사는 오즈의 마법사를 찾아가면 알려줄 거라고 했다. 도로시는 마법사를 찾으러 가는 도중에 두뇌가 없는 허수아비, 따뜻한 심장이 필요한 양철 나무꾼, 용기를 갖고 싶은 겁쟁이 사자를 새로운 친구로 맞이하여 함께 오즈의 마법사를 만나러 갔다.

커다란 얼굴을 지닌 오즈의 마법사를 만났는데 사악한 서쪽 마녀를 없애고 오면 너희들의 소원을 들어준다고 하였다. 도로시와 세 친구는 죽음의 고비를 넘기며 가까스로 양동이 물을 부어 서쪽 마녀를 녹여서 죽였다. 서쪽 마녀를 물리치고 돌아온 도로시와 세 친구에게 오즈의 마법사는 허수아비에겐 톱밥으로 두뇌를 만들어주었고, 양철 나무꾼에겐 헝겊으로 만든 심장을 넣어주었으며, 겁쟁이 사자에겐 용기 있는 자에게 주는 훈장을 주었다. 그리고 도로시가 집으로 날아갈 수 있는 기구를 주었는데 도로시는 기구가 출발하려던 순간 기구를 놓쳐버렸다. 도로시가 집에 돌아갈 수 없다며 울고 있을 때 아름다운 여왕 옷을 입은 남쪽 마녀가 나타나 도로시에게 지금 신고 있는 은색 구두는 마법의 구두며 세 번 부딪치면 원하는 곳으로 갈 수 있다고 하였다. 도로시는 세 친구와 작별 인사를 하고 순식간에 집으로 돌아와 행복하게 살았다.

손자를 넘어 상위 1% 사상으로 올라서기

1. 당신은 '오즈의 마법사'를 읽고 느낀 점은 무엇인가?
2. 도로시가 집으로 어떻게 돌아올 수 있었는가?
3. 당신이 큰 어려움을 만났을 때 함께 할 수 있는 친구들은 누구인가?
4. 손자병법 "사람을 잘 택하여 세를 만들게 한다(能擇人而任勢[능택인이임세])." 사례에 "오즈의 마법사" 동화를 제시하였는데, 도로시는 어떤 친구들과 함께하여 매우 강하게 되었는가?
5. (스스로에게) 관련 내용에 대해 다른 질문을 하고 대답해보세요.

第六

虛實篇
(허실편)

孫子曰(손자왈) 凡先處戰地(범선처전지) 而待敵者佚(이대적자일). 後處戰地(후처전지) 而趨戰者勞(이추전자로). 故善戰者(고선전자) 致人而不致於人(치인이불치어인). 能使敵人自至者(능시적인자지자) 利之也(리지야). 能使敵人不得至者(능사적인부득지자) 害之也(해지야). 故敵佚能勞之(고적일능로지) 飽能飢之(포능기지) 安能動之(안능동지). 出其所必趨(출기소필추) 趨其所不意(추기소불의). 行千里而不勞者(행천리이부로자) 行於無人之地也(행어무인지지야). 攻而必取者(공이필취자) 攻其所不守也(공기소불수야). 守而必固者(수이필고자) 守其所不攻也(수기소불공야).

故善攻者(고선공자) 敵不知其所守(적부지기소수). 善守者(선수자) 敵不知其所攻(적부지기소공). 微乎微乎(미호미호) 至於無形(지어무형) 神乎神乎(신호신호) 至於無聲(지어무성). 故能爲敵之司命(고능위적지사명).

손자가 말하기를, 무릇 먼저 싸움터에 위치하여, 적을 기다리는 자는 편안하다. 뒤늦게 싸움터에 도착하여, 싸움에 끌려다니는 자는 힘들다. 그러므로 싸움을 잘하는 자는, 적을 이끌되 적에게 이끌리지 않는다. 능히 적으로 하여금 스스로 오게 하려면, 이로움이 있다는 것을 보여주고, 능히 적이 오지 못하게 하려면 해로움이 있다는 것을 보여준다. 그러므로 적이 편안하면 능히 적을 피로하게 하고, 배부르면 적을 굶주리게 하고, 움직이지 않으면 적을 움직이게 한다. 이는 내가 나아가되 적이 반드시 따라야만 하는 곳으로 가고, 적이 뜻하지 않는 곳으로 달려가기 때문이다. 천 리를 가도 피로하지 않는 것은, 사람이 없는 곳으로 가기 때문이다. 공격하면 반드시 취함[16]은, 지키지 않는 곳을 공격하기 때문이다. 지키면 반드시 견고한 것은, 공격하지 못하는 곳을 지키기 때문이다.

그러므로 공격을 잘하는 자는, 적이 지켜야 할 곳을 모르게 하고, 수비를 잘하는 자는 적이 공격해야 할 곳을 모르게 한다. 미묘하고 미묘하다. 무형의 경지에 이르고, 신비하고 신비하도다. 무성의 경지에 이른다. 그러므로 능히 적의 생사를 좌우할 수 있다.

虛實 허한 곳, 실한 곳	處 위치하고 있다, 살다
佚 편안하다, 실수	待 기다리다
趨 달리다	勞 피로하다, 일하다
致 끌어들이다, 보내다	至 이르다, 닿다
害 해로움, 손해	飽 배부르다
飢 굶주리다	固 견고하다, 단단하다
微 많지 않다, 작다	乎 ~구나, ~로다, ~인가
神 귀신, 불가사의한 것	聲 소리
司 맡다, 벼슬	命 목숨, 명령을 내리다

---

16   사례 : 여우와 두루미. 상대를 배려하지 못하면 친구도 적이 될 수 있다

사례

여우와 두루미,
상대를 배려하지 못하면 친구도 적이 될 수 있다

어느 날 여우가 두루미를 저녁 식사에 초대했다. 두루미가 여우 집을 방문하자 여우는 두루미를 반갑게 맞이하며 음식을 둥근 접시 두 개에 담아왔다. 그러나 부리가 긴 두루미는 음식을 먹을 수가 없었다. 결국 두루미는 음식을 먹지 못하고 굶은 채 집으로 돌아와 여우가 자신을 놀렸다며 앙심을 품었고 언젠가 되갚아주리라 다짐했다.

며칠이 지나 두루미는 여우를 식사에 초대했다. 두루미는 여우가 집을 방문하자 음식을 호리병에 담아왔다. 여우는 주둥이가 짧아 호리병 속의 음식을 먹을 수가 없었고 굶은 채 집으로 돌아가야 했다. 두루미는 여우에게 자기가 받았던 것을 그대로 돌려주었다.

손자를 넘어 상위 1% 사상으로 올라서기

1. 당신은 '여우와 두루미'를 읽고 느낀 점은 무엇인가?
2. 당신이 여우·두루미라면 음식을 어떻게 대접하면 좋았을까?
3. 당신은 두루미가 여우에게 복수를 한 것에 대해 어떻게 생각하는가?
4. 손자병법 "공격하면 반드시 취함(攻而必取者[공이필취자])" 사례에 "여우와 두루미" 동화를 제시하였는데, 두루미가 음식을 호리병에 담아서 여우에게 복수를 하였는데 호리병 이외에도 복수할 다른 방법은 무엇이 있겠는가?
5. (스스로에게) 관련 내용에 대해 다른 질문을 하고 대답해보세요.

進而不可禦者(진이불가어자) 衝其虛也(충기허야). 退而不可追者(퇴이불가추자) 速而不可及也(속이불가급야). 故我欲戰(고아욕전) 敵雖高壘深溝(적수고루심구) 不得不與我戰者(부득불여아전자) 攻其所必救也(공기소필구야). 我不欲戰(아불욕전) 雖劃地而守之(수획지이수지) 敵不得與我戰者(적부득여아전자) 乖其所之也(괴기소지야). 故形人而我無形(고형인이아무형) 則我專而敵分(즉아전이적분). 我專爲一(아전위일) 敵分爲十(적분위십) 是以十攻其一也(시이십공기일야). 則我衆敵寡(즉아중적과). 能以衆擊寡(능이중격과) 則吾之所與戰者約矣(즉오지소여전자약의). 吾所與戰之地不可知(오소여전지지불가지) 不可知(불가지) 則敵所備者多(즉적소비자다). 敵所備者多(적소비자다) 則吾所與戰者寡矣(즉오소여전자과의).

故備前則後寡(고비전즉후과) 備後則前寡(비후즉전과) 備左則右寡(비좌즉우과) 備右則左寡(비우즉좌과). 無所不備(무소불비) 則無所不寡(즉무소불과). 寡者(과자) 備人者也(비인자야). 衆者(중자) 使人備己者也(사인비기자야).

나아가되 적이 막지 못함은, 그 헛점을 치기 때문이다. 물러가되 적이 쫓아오지 못함은 빨라서 적이 따라오지 못하기 때문이다. 그러므로 내가 싸우고자 하면, 적이 비록 성루를 높게 하고 참호를 깊게 파더라도, 나와서 싸울 수밖에 없음은, 반드시 구해야 하는 곳을 공격하기 때문이다.[17] 내가 싸움을 바라지 않으면, 비록 땅에 선만 긋고 지켜도, 적이 싸움을 걸지 못함은, 기도하는 바를 어그러뜨리기 때문이다. 그러므로 적의 형태는 드러나게 하고 나의 형태는 드러나지 않게 하면, 나는 뭉치고 적은 분산한다. 나는 하나로 뭉치고, 적은 열로 나누어지면, 나의 열로써 적의 하나를 공격하게 된다. 즉 나는 많아지게 되고 적은 적어지게 된다. 능히 많은 수로써 적은 수를 치면, 내가 더불어 싸우는 자는 간단해진다. 내가 싸우려 하는 곳을, 알지 못하게 하고, 적이 그것을 알지 못하면 적이 대비해야 할 곳이 많아진다. 적이 대비할 곳이 많아지면, 내가 상대해야 할 적의 수는 적어질 것이다.

그러므로 앞을 대비하면 뒤가 부족하고, 뒤를 대비하면 앞이 부족하며, 좌측을 대비하면 우측이 부족하고, 우측을 대비하면 좌측이 부족하다. 대비하지 않는 곳이 없으면, 부족하지 않은 곳이 없게 된다. 병력이 적다는 것은 적을 대비하기 때문이다. 병력이 많다는 것은 적으로 하여금 나를 대비하게 하기 때문이다.

禦 막다, 방어	衝 치다, 찌르다
追 쫓다	及 미치다, 이르다
雖 비록	壘 진, 성채
深 깊다	溝 참호, 봇도랑
劃 긋다, 쪼개다	乖 어그러지다
專 뭉치다, 집중하다	分 분산하다, 나누다
寡 적다	約 간략하다, 묶다, 약속
備 대비하다, 갖추다	

---

[17] 사례 : 혹부리 영감. 남과 똑같은 계략은 큰 위험에 빠질 수 있다

사례

혹부리 영감,
남과 똑같은 계략은 큰 위험에 빠질 수 있다

옛날 옛적에 얼굴에 주먹 크기의 혹이 달린 착한 혹부리 영감과 욕심쟁이 혹부리 영감이 살았다. 어느 날 착한 혹부리 영감은 해가 저문 줄도 모르고 나무를 하다가 어두워져 산에서 내려갈 수 없어 근처 빈집에서 하룻밤을 보내기로 했다. 혹부리 영감은 무서워 노래를 흥얼거리고 있었는데 갑자기 도깨비 몇 마리가 나타났다. 도깨비는 혹부리 영감에게 그 아름다운 노랫소리는 어디서 나는 소리냐고 묻자, 혹부리 영감은 얼굴에 달린 혹을 가리키며 이 노래 주머니에서 나온다고 하였다. 도깨비는 그 노래 주머니가 탐이 나 금은보화와 바꾸자고 하여 혹부리 영감은 혹도 떼고 금은보화를 갖고 집으로 돌아와 부자가 되어 잘 살았다.

이 소식을 들은 욕심쟁이 혹부리 영감은 자신도 부자가 되고 싶은 마음에 산에 올라가 착한 혹부리 영감이 머물렀던 빈집에 가서 노래를 부르기 시작했다. 얼마 뒤 도깨비들이 나타났고, 이를 본 욕심쟁이 혹부리 영감은 노래를 더 크게 불렀다. 도깨비는 욕심쟁이 혹부리 영감에게 지난번에 준 이 노래 주머니를 달고 열심히 노래를 불렀지만 전혀 목소리가 변하지 않았다며, 노래 주머니를 가져가라면서 자신의 혹을 떼어 욕심쟁이 혹부리 영감에게 붙여주었다. 결국 욕심쟁이 혹부리 영감은 혹 하나만 더 달고 집으로 돌아왔다.

손자를 넘어 상위 1% 사상으로 올라서기

1. 당신은 '혹부리 영감'을 읽고 느낀 점은 무엇인가?
2. 욕심쟁이 혹부리 영감은 도깨비에게 왜 실패하였을까?
3. 당신은 욕심쟁이 혹부리 영감처럼 지나친 욕심을 갖고 있는 것은 무엇인가?
4. 손자병법 "반드시 구해야 하는 곳을 공격하기 때문이다(攻其所必救也[공기소필구야])." 사례에 "혹부리 영감" 동화를 제시하였는데, 착한 혹부리 영감은 도깨비에게 혹을 떼어주고 금은보화를 받을 수 있었던 이유는 무엇인가?
5. (스스로에게) 관련 내용에 대해 다른 질문을 하고 대답해보세요.

> 故知戰之地(고지전지지) 知戰之日(지전지일) 則可千里而會戰(즉가천리이회전). 不知戰地(부지전지) 不知戰日(부지전일) 則左不能救右(즉좌불능구우) 右不能救左(우불능구좌) 前不能救後(전불능구후) 後不能救前(후불능구전). 而況遠者數十里(이황원자수십리) 近者數里乎(근자수리호). 以吾度之(이오탁지) 越人之兵雖多(월인지병수다) 亦奚益於勝哉(역해익어승재).
>
> 故曰(고왈) 勝可爲也(승가위야). 敵雖衆(적수중) 可使無鬪(가사무투). 故(고) 策之而知得失之計(책지이지득실지계) 作之而知動靜之理(작지이지동정지리) 形之而知死生之地(형지이지사생지지) 角之而知有餘不足之處(각지이지유여부족지처).

그러므로 싸울 장소, 싸울 날을 알면, 가히 천 리에서라도 싸움을 치를 수 있을 것이다. 싸울 장소를 모르고, 싸울 날을 알지 못하면, 좌군이 우군을 구하지 못하고, 우군이 좌군을 구하지 못하고, 전위가 후위를 구하지 못하고, 후위가 전위를 구하지 못할 것이다. 하물며 멀리 있는 경우에는 수십 리가 되고, 가까워도 수리가 떨어져 있으면 어떻게 하겠는가. 이렇게 헤아려 보건대, 월나라 병사가 비록 많다 하더라도, 또한 어찌 승리에 더 유리하다 하겠는가.

그러므로 말하기를, 승리는 만들 수 있는 것이다.[18] 적이 비록 많다 하더라도, 싸울 수 없게 할 수 있다. 그러므로 계책을 써서 득실의

---

18 사례 : 10년을 참는 사람, 참고 견디면 모든 일을 이룰 수 있다

계획을 파악하고, 적을 움직이게 해서 적 동정의 이치를 파악하며, 적의 형태를 나타내게 하여 그들의 사지와 생지를 알아내며, 적과 부딪쳐서 적의 여유 있는 곳과 부족한 곳을 알아낸다.

地 땅, 장소	日 날, 해
會 모이다, 치르다	左 좌, 왼쪽
右 우, 오른쪽	前 앞, 나아가다
後 뒤, 늦다	況 하물며, 이에
數 셈, 세다	里 리(거리단위, 1리 = 0.4km)
度 법도 도, 헤아릴 탁	越 월나라, 넘다, 건너다
雖 비록	亦 또
奚 어찌	益 유익하다, 더하다
哉 어조사	策 채찍질하다, 계책, 책문
作 일으키다, 짓다	理 이치
形 형태, 모양	角 직선이 만나는 곳, 뿔
餘 여유가 있다, 남다	

사례

10년을 참는 사람,
참고 견디면 모든 일을 이룰 수 있다

옛날 어느 마을에 박씨 성을 가진 농부가 살았다. 박씨는 가난에 지쳐서 차라리 죽는 게 낫다고 생각하여 연못에 뛰어들려고 했다. 그때 신령님이 나타나 왜 죽으려 하냐고 묻자, 박씨는 죽는다고 슬퍼할 사람도 없고, 가난이 지겨워 더 이상 살기 싫다고 하였다. 신령님이 3년만 참으면 복을 받고 잘 살 것이라고 하자 박씨는 신이 나서 열심히 일하고 남을 도우며 살았다.

3년 동안 열심히 살았던 박씨는 여전히 가난했고, 화가 나 신령님을 찾아가 3년이 지났는데 왜 가난하냐고 따졌다. 신령님은 잘 참았다며 3년을 더 참으라고 하였다. 박씨는 3년을 참는 것도 억울한데 또 3년을 참으라니 어이가 없었다. 신령님은 죽는 것은 언제든지 할 수 있다며 3년을 더 참으라고 했다. 박씨는 한 번만 더 참아보겠다며 또 열심히 일하고 남을 위해 봉사하며 살았다. 하지만 가난을 벗어나지 못했던 박씨는 6년을 신령님의 말만 믿고 열심히 일했는데 모든 게 헛수고였다며 신령님께 불평했다. 신령님은 마지막으로 3년만 참으면 반드시 복이 올 것이라며 박씨에게 말했다. 마지막이라는 말에 박씨는 집으로 돌아와 이웃과 화목하게 지내며 열심히 또 살았다. 3년이 흘러 9년이 되었지만 박씨는 여전히 가난하였다. 다만 달라진 것은 마을 사람들이 자기 말이라면 팥으로 메주를 쑨대도 믿어주는 것이었다. 신령님은 부자가 되기보다 먼저 인간 됨됨이가 먼저라며 박씨가 중간에 포기할까 봐 무척 걱정이었으나 잘 견디며 살아왔다고 칭찬했다. 이제부터 딱 1년만 고생하면 잘 살 것이라고 했다. 박씨는 집으로 돌아와 더욱더 열심히 일했고, 마을 사람들은 박씨를 전보다 더욱 믿고 따랐다. 신령님의 말대로 10년이 되는 해부터 박씨는 하는 일마다 잘 풀렸고, 결국 소문난 부자가 되었다.

손자를 넘어 상위 1% 사상으로 올라서기

1. 당신은 '10년을 참는 사람'을 읽고 느낀 점은 무엇인가?
2. 박씨는 10년을 참아서 부자가 되었는데 그 이유는 무엇이라 생각하는가?
3. 당신이 하는 일 중에 가장 오래 그리고 짧게 참았던 일은 무엇인가?
4. 손자병법 "승리는 만들 수 있는 것이다(勝可爲也[승가위야])." 사례에 "10년을 참는 사람" 동화를 제시하였는데, 10년을 참는 사람은 결국 부자가 되었다. 부자가 된 비결은 무엇이라고 생각하는가?
5. (스스로에게) 관련 내용에 대해 다른 질문을 하고 대답해보세요.

形兵之極(형병지극) 至於無形(지어무형). 無形(무형) 則深
間不能窺(즉심간불능규) 智者不能謀(지자불능모). 因形而措勝
於衆(인형이조승어중) 不衆能知(부중능지). 人皆知我所以勝之
形(인개지아소이승지형) 而莫知吾所以制勝之形(이막지오소이
제승지형). 故(고) 其戰勝不復(기전승불복) 而應形於無窮(이응
형어무궁).

夫兵形象水(부병형상수). 水之形(수지형) 避高而趨下(피고
이추하). 兵之形(병지형) 避實而擊虛(피실이격허). 水因地而制
流(수인지이제류) 兵因敵而制勝(병인적이제승).

故(고) 兵無常勢(병무상세) 水無常形(수무상형). 能因敵變
化而取勝者(능인적변화이취승자) 謂之神(위지신). 故(고) 五行
無常勝(오행무상승) 四時無常位(사시무상위) 日有短長(일유단
장) 月有死生(월유사생).

군대 형태의 끝은, 어떤 형태가 없는 것에 이르게 하는 것이다. 형태가 없다면, 깊이 잠입한 간첩도 엿볼 수 없고, 지혜 있는 자도 능히 계책을 쓸 수가 없다. 적의 형태에 따라 사람들 앞에서 승리를 조성해도 사람들은 알지 못한다. 사람들 모두 내가 승리한 겉모양은 알 수 있지만, 내가 승리를 만든 형태는 알지 못한다. 그러므로, 싸워 승리하는 방법은 다시 사용하지 않고, 적과 나의 형태에 따라 끝없이 응용해 나가는 것이다.

무릇 군대 형태는 물의 모양과 닮았다. 물의 형태는, 높은 곳을 피

해 낮은 곳으로 나아간다. 군대의 운용은, 적의 실한 곳을 피해 허한 곳을 친다. 물은 땅의 형태에 따라 흐름을 만들어가며, 군대는 적의 형태에 따라 승리를 만들어 나간다.

그러므로, 군대는 일정한 형세가 없고, 물에도 일정한 형태가 없다. 능히 적의 변화에 맞게 승리를 얻어가는 자[19]를 일컬어 신의 경지라 한다. 그러므로 오행의 어느 요소도 다른 모든 요소를 이길 수 없고, 네 계절도 언제나 고정됨이 없으며, 해도 길고 짧음이 있고, 달도 차고 기울어짐이 있다.

極 극, 끝, 다하다	間 간첩, 틈, 사이
窺 엿보다	謀 계책, 꾀, 권모술수
因 원인, 유래, 인하다	措 두다, 들다
皆 모두, 함께	制 만들다, 마르다
復 돌아올 복, 다시 부	應 응하다
夫 무릇	象 모양, 코끼리
避 피하다	趨 나아가다, 달리다
實 가득차다, 열매	擊 나아가다, 부딪치다
流 흐름, 흐르다	常 항상, 불변의 도
勢 형세, 기세	化 모양이 바뀌다, 되다
五行 금, 목, 수, 화, 토	四時 봄, 여름, 가을, 겨울
位 자리, 지위	短長 짧고 길다
死生 죽고 살다	

---

19 사례 : 당나귀와 소금 장수, 쉬운 방법을 자주 사용하면 큰 화를 당한다

사례

당나귀와 소금 장수,
쉬운 방법을 자주 사용하면 큰 화를 당한다

어느 마을에 소금 장수가 당나귀를 기르며 살았다. 어느 날 소금 한 가마니를 당나귀 등에 싣고 집으로 가는 길에 냇물을 건너다가 당나귀가 발을 헛디뎌 그만 냇물에 빠지고 말았다. 실었던 소금이 냇물에 녹아내려 당나귀의 짐은 가벼워졌고, 당나귀는 더 이상 무거운 짐이 없어져서 기분 좋게 집으로 돌아왔다. 이후에도 당나귀는 냇물을 건널 때 일부러 쓰러져 등에 진 소금을 녹게 하였다.

소금 장수는 이런 당나귀를 혼내주려고 솜을 한 가득 사서 당나귀 등에 실었다. 당나귀는 등에 진 짐이 무겁진 않았어도 일부러 냇물에 넘어졌다. 물에 빠진 솜은 물을 잔뜩 빨아들여 매우 무거워졌다. 이제껏 제일 무거운 짐을 진 당나귀는 얼굴을 찡그리고 헐떡거리며 걸었다. 소금 장수는 당나귀의 모습을 보며 웃으면서 집으로 향했다.

손자를 넘어 상위 1% 사상으로 올라서기

1. 당신은 '당나귀와 소금 장수'를 읽고 느낀 점은 무엇인가?
2. 당나귀는 냇물에 일부러 습관적으로 넘어졌다. 이에 대해 어떻게 생각하는가?
3. 당신이 소금 장수라면 당나귀의 버릇을 어떻게 고쳤겠는가?
4. 손자병법 "적의 변화에 맞게 승리를 얻어가는 자(因敵變化而取勝者[인적변화이취승자])" 사례에 "당나귀와 소금 장수" 동화를 제시하였는데, 소금 장수는 당나귀의 잔꾀를 어떻게 꺾어버렸는가?
5. (스스로에게) 관련 내용에 대해 다른 질문을 하고 대답해보세요.

第七

軍爭篇
(군쟁편)

孫子曰(손자왈) 凡用兵法(범용병법) 將受命於君(장수명어군) 合軍聚衆(합군취중) 交和而舍(교화이사) 莫難於軍爭(막난어군쟁). 軍爭之難者(군쟁지난자) 以迂爲直(이우위직) 以患爲利(이환위리).

故(고) 迂其塗而誘之以利(우기도이유지이리) 後人發先人至(후인발선인지) 此知迂直之計者也(차지우직지계자야). 故(고) 軍爭爲利(군쟁위리) 軍爭爲危(군쟁위위). 故(고) 擧軍而爭利則不及(거군이쟁리즉불급) 委軍而爭利則輜重損(위군이쟁리즉치중연).

是故(시고) 卷甲而趨(권갑이추) 日夜不處(일야불처) 倍道兼行(배도겸행) 百里而爭利(백리이쟁리) 則擒三將軍(즉금삼장군).

손자가 말하기를, 무릇 용병의 법에, 장수가 임금으로부터 명령을 받아, 병력을 모아 군대를 합하고, 적과 대치하여 머물게 되는데, <u>군쟁보다 어려운 것은 없다.</u> [20] 군쟁의 어려움은, 돌아감으로써 곧은 길처럼 만들고, 근심거리(불리함)를 이로운 것으로 만들어야 하기 때문이다.

그러므로, 그 길을 멀리 돌아가더라도 적에게 이로운 듯이 유인하여, 적보다 늦게 출발하고도 먼저 도착하는 것이니, 이는 우직지계를

---

[20] 사례 : 고양이 목에 방울 달기, 방법이 좋아도 실천 가능해야 한다

아는 자이다. 그러므로 군쟁은 이로움이 되고, 위태로움도 된다. 그러므로 군대를 이끌고 이익을 다투면 제 시간에 이르지 못하고, 정예군대로만 이익을 다투면 치중대는 버려진다.

    이런 까닭에, 갑옷을 벗어 던질 정도로 달려서, 밤낮을 쉬지 않고, 길을 두 배로 행군하여, 백 리를 나아가 이익을 다툰다면, 삼장군이 적에게 사로잡힐 것이다.

受 받다, 얻다	命 명령, 목숨
合 합하다	聚 모으다
交 서로, 사귀다	和 서로 응하다, 화하다
舍 집, 머무는 곳	莫 없다
難 어렵다	爭 싸움, 다툼
迂 먼 길, 굽히다	直 곧다, 고치다
患 근심, 걱정	塗 길
誘 유인하다, 속이다	發 가다, 쏘다, 보내다
危 위태하다	擧 움직이다, 이끌다
及 이르다, 미치다	委 맡기다
委軍 정예군대	輜 짐수레
損 버리다	卷 감아말다, 힘이 센 활
甲 갑옷	倍 곱절, 배
兼 겸하다, 아울러	擒 사로잡다

사례

고양이 목에 방울 달기,
방법이 좋아도 실천 가능해야 한다

어느 날 고양이에게 매일 쫓기고 잡아먹히며 마음 졸이며 생활하고 있는 쥐들이 모두 한자리에 모여 대책을 논의했다. 회의 내용은 어떻게 하면 고양이로부터 위험에서 벗어나 안전한 생활을 할 수 있느냐는 것이었다. 쥐들은 서로 머리를 짜내며 고양이가 오는 것을 미리 알아내는 방법이 무엇일지 고민했다.

그때 조그만 생쥐 한 마리가 고양이 목에 방울을 달면 고양이가 움직일 때마다 방울 소리가 나서 피할 수 있다는 것이었다. 쥐들은 좋은 생각이라며 기뻐하였다. 그때 늙은 할아버지 쥐가 고양이 목에 누가 방울을 달 것이냐고 물으니, 방울을 달겠다는 쥐는 아무도 없었고 서로 눈치만 살폈다.

손자를 넘어 상위 1% 사상으로 올라서기

1. 당신은 '고양이 목에 방울 달기'를 읽고 느낀 점은 무엇인가?
2. 쥐들이 고양이로부터 안전한 생활을 할 방법에는 무엇이 있을까?
3. 쥐들이 고양이 목에다 방울을 달면 안전하게 생활할 수 있을까?
4. 손자병법 "군쟁보다 어려운 것은 없다(莫難於軍爭[막난어군쟁])." 사례에 "고양이 목에 방울 달기" 동화를 제시하였는데, 쥐들이 고양이 목에 방울을 달 방법들은 무엇이 있겠는가?
5. (스스로에게) 관련 내용에 대해 다른 질문을 하고 대답해보세요.

勁者先(경자선) 疲者後(피자후) 其法十一而至(기법십일이지). 五十里而爭利(오십리이쟁리) 則蹶上將軍(즉궐상장군) 其法半至(기법반지). 三十里而爭利(삼십리이쟁리) 則三分之二至(즉삼분지이지). 是故(시고) 軍無輜重則亡(군무치중즉망) 無糧食則亡(무량식즉망) 無委積則亡(무위적즉망). 故(고) 不知諸侯之謀者(부지제후지모자) 不能豫交(불능예교). 不知山林險阻沮澤之形者(부지산림험조저택지형자) 不能行軍(불능행군). 不用鄕道者(불능향도자) 不能得地利(불능득지리).

故(고) 兵以詐立(병이사립) 以利動(이리동) 以分合爲變者也(이분합위변자야). 故(고) 其疾如風(기질여풍) 其徐如林(기서여림) 侵掠如火(침략여화) 不動如山(부동여산) 難知如陰(난지여음) 動如雷震(동여뇌진) 掠鄕分衆(략향분중) 廓地分利(곽지분리) 懸權而動(현권이동). 先知迂直之計者勝(선지우직지계자승) 此軍爭之法也(차군쟁지법야).

굳센 자는 먼저 가고, 피로한 자는 뒤처져, 그 방법으로는 10분의 1만 도달하게 된다. 오십 리를 나가 이익을 얻으려 싸운다면, 상장군이 넘어질 것이니, 그 방법으로는 반만 도달하게 된다. 삼십 리를 나가 이익을 얻으려 싸운다면, 병력의 3분의 2만 도달하게 된다. 이런 까닭에 군대에 치중대가 없으면 망하고, 양식이 없으면 망하며, 보급물자 축적이 없으면 망한다. 그러므로 제후의 기도를 알지 못하면, 미리 외교관계를 맺을 수 없다. 산림, 험한 지형, 소택지 등의 지형을 알지 못하면 행군을 할 수 없다. 마을의 길 안내자를 활용하지 않으면, 지형의 이로움을 얻을 수가 없다.

그러므로 군사행동은 속임수로써 이뤄지고, 이익에 따라 움직이며, 분산과 집중으로 변화를 만드는 것이다. 그러므로, 그 신속함은 바람과 같이 하고, 그 느림은 숲과 같이 하고, 침략은 불과 같이 맹렬히 하고, 움직이지 않을 때에는 산과 같이 하고, 알지 못하게 함은 어둠과 같이 하고, 움직임은 번개와 같이 하고, 마을을 약탈하여 병사에게 나눠주고, 땅을 넓혀서 이익을 나누고, <u>저울질하여 상황판단한 후에 움직인다.</u> ²¹ 먼저 우직지계를 아는 자가 승리하니, 이것이 군쟁의 법이다.

勁 굳세다	疲 피로하다, 지치다
蹶 넘어지다, 엎어지다	半 반, 조각
糧 양식, 식량	積 쌓다, 저축하다
諸 모든	侯 임금, 제후
諸侯 백성을 지배하는 사람	險 험하다
阻 험하다	險阻 험한 지형
沮 막다, 저지하다	澤 늪, 진뻘, 못
沮澤 소택지(늪과 못)	鄕 시골, 마을
詐 속이다	疾 병, 틈, 버릇
徐 천천하다, 평온하다	侵 침노하다, 습격하다
掠 노략질하다	陰 응달, 어둠
雷 우레, 천둥	震 벼락, 천둥
廓 크다, 울타리, 둘레	懸 매달다, 공포하다
權 저울질하다, 분별하다	

---

21   사례 : 미운 오리 새끼, 자신을 알아야 후회하지 않는다

사례

미운 오리 새끼,
자신을 알아야 후회하지 않는다

　남달리 크고 볼품없이 태어난 미운 오리 새끼는 귀여운 오리 형제들 틈바구니에서 못생긴 외모 때문에 형제들에게 따돌림과 조롱을 당했다. 심지어 엄마조차도 외면하였다. 미운 오리 새끼는 집을 뛰쳐나왔지만, 숲속의 작은 새들도 상대해주지 않았다. 어떤 할머니네 집에 들어가 살았지만, 그 집의 고양이와 닭이 못살게 구는 바람에 다시 집을 나왔다.
　자신의 처지를 비관하던 미운 오리 새끼는 어느 날 지나가는 백조를 보고 그 멋진 외모를 부러워했다. 정처 없이 지내던 미운 오리 새끼는 얼음과 눈으로 뒤덮인 겨울을 힘들게 보내고 마침내 봄을 맞이하게 되었다. 미운 오리 새끼는 연못에서 작년에 보았던 백조들을 다시 만났고, 자연스럽게 백조들이 다가왔다. 백조들이 다가오자 다소 놀랐지만, 연못에 비친 자기 모습은 더 이상 못생긴 오리 새끼가 아닌 순결하고 아름다운 한 마리의 백조였다.

손자를 넘어 상위 1% 사상으로 올라서기

1. 당신은 '미운 오리 새끼'를 읽고 느낀 점은 무엇인가?
2. 당신은 미운 오리 새끼처럼 주위에서 비난이나 차별을 당한 적이 있었는가?
3. 미운 오리 새끼는 태어날 때부터 왜 백조라고 생각하지 못했을까?
4. 손자병법 "저울질하여 상황판단한 후에 움직인다(懸權而動[현권이동])." 사례에 "미운 오리 새끼" 동화를 제시하였는데, 미운 오리 새끼는 고생하지 않으면서 생활할 수 있었는데 무엇이 잘못되어 어려움을 겪었다고 생각하는가?
5. (스스로에게) 관련 내용에 대해 다른 질문을 하고 대답해보세요.

軍政曰(군정왈) 言不相聞(언불상문) 故爲金鼓(고위금고). 視不相見(시불상견) 故爲旌旗(고위정기). 夫金鼓旌旗者(부금고정기자) 所以一人之耳目也(소이일인지이목야) 人旣專一(인기전일) 則勇者不得獨進(즉용자부득독신) 怯者不得獨退(겁자부득독퇴) 此用衆之法也(차용중지법야). 故夜戰多金鼓(고야전다금고) 晝戰多旌旗(주전다정기) 所以變人之耳目也(소이변인지이목야). 故三軍可奪氣(고삼군가탈기) 將軍可奪心(장군가탈심). 是故(시고) 朝氣銳(조기예) 晝氣惰(주기타) 暮氣歸(모기귀).

故(고) 善用兵者(선용병자) 避其銳氣(피기예기) 擊其惰歸(격기타귀) 此治氣者也(차치기자야). 以治待亂(이치대란) 以靜待譁(이정대화) 此治心者也(차치심자야). 以近待遠(이근대원) 以佚待勞(이일대로) 以飽待饑(이포대기) 此治力者也(차치력자야). 無邀正正之旗(무요정정지기) 勿擊堂堂之陣(물격당당지진) 此治變者也(차치변자야).

군사행정에서 말하기를, 말소리가 서로 들리지 않기 때문에, 징과 북을 사용하고, 신호가 서로 보이지 않으므로, 깃발을 사용한다. 무릇 징, 북, 깃발 등은 사람들의 이목을 하나로 모으기 때문에, 사람들이 하나로 뭉쳐지면, 용감한 자도 혼자 나아가지 않고, 비겁한 자도 혼자 물러서지 않으니, 이것이 많은 병력을 운용하는 법이다. 그러므로 밤에 싸울 때는 징과 북을 많이 쓰고, 낮에 싸울 때는 깃발을 많이 쓰는 것은 적군의 귀와 눈을 현혹시키기 때문이다. 그리하여 삼군(적부대)에서는 사기를 빼앗을 수 있고, 장군에게는 마음을 빼앗을 수 있다. 이런 까닭에, 아침의 기세는 날카롭고, 낮의 기세는 게으르며, 저녁의 기세는 돌아가려고 한다.

그러므로, 용병을 잘하는 자는, 날카로운 기세는 피하고, 게으르고 돌아가려는 기세를 친다.[22] 이것은 기세를 다스리는 법이다. 정돈된 상태에서 적의 어지러움을 맞이하고, 정숙한 상태에서 적의 소란함을 맞이하는 것이니, 이것이 바로 마음을 다스리는 법이다. 가까움으로써 먼 적을 기다리고, 편안함으로써 지친 적을 기다리고, 배부름으로써 굶주린 적을 기다리는 것이 힘을 다스리는 법이다. 깃발이 정연한 적을 맞이하지 않고, 당당한 진을 갖춘 적을 공격하지 않으니 이것이 변화를 다스리는 법이다.

政 행정	金 징, 쇠, 성
鼓 북, 치다	視 보다
旌 기	旗 기
專 뭉치다, 집중하다	勇 용감하다
獨 홀로	進 나아가다
怯 비겁하다, 겁내다	奪 빼앗다
氣 기운, 활동하는 힘	朝 아침
銳 날카롭다	惰 게으르다
暮 저녁	歸 돌아가다
避 피하다	譁 시끄럽다

---

22 사례 : 방귀쟁이 시합, 자신의 강점을 단련하면 성공할 수 있다

사례

방귀쟁이 시합,
자신의 강점을 단련하면 성공할 수 있다

옛날 어느 마을에 방귀쟁이 아줌마와 아저씨가 살고 있었다. 방귀쟁이 아줌마는 방귀가 뿡뿡하고 자꾸 나오는 수다 방귀를 뀌었다. 한 번 방귀를 뀌었다 하면 어찌나 강한지 주변 요강, 참기름병이 깨졌다. 방귀쟁이 아저씨는 빵빵하고 힘센 호랑 방귀를 뀌었다.

방귀쟁이 아줌마는 자신이 방귀를 제일 잘 뀐다고 자랑하고 다녔다. 동네 사람들이 방귀쟁이 아줌마가 최고라고 박수를 치자, 이 말을 들은 방귀쟁이 아저씨는 부글부글 화가 나 방귀쟁이 아줌마의 딸과 강아지를 향해 방귀를 빵빵 뀌었다. 방귀쟁이 아줌마의 딸이 하늘로 치솟았다가 땅에 떨어지며 아궁이로 들어갔다. 딸이 온몸에 검댕을 묻힌 채 울고 있자 방귀쟁이 아줌마는 절구통에 있는 절굿공이를 들고서 방귀쟁이 아저씨를 향해 뿡뿡 수다 방귀를 뀌었다. 절굿공이가 날아서 방귀쟁이 아저씨 머리 위로 떨어지려고 하자 아저씨는 힘센 호랑 방귀를 뀌었다. 다시 절굿공이는 방귀쟁이 아줌마 쪽으로 향했고, 이렇게 절굿공이는 방귀쟁이 아줌마와 아저씨 사이를 오가길 반복했다. 그러다 두 사람이 동시에 방귀를 뀌었더니 절굿공이는 하늘 높이 치솟다가 달에 쿵 하고 박히고 말았다. 달에 박힌 절굿공이는 쑥쑥 자라 달나라의 계수나무가 되었다.

손자를 넘어 상위 1% 사상으로 올라서기

1. 당신은 '방귀쟁이 시합'을 읽고 느낀 점은 무엇인가?
2. 방귀쟁이 아줌마는 방귀 뀌기 제일이라고 자랑하였는데 어떻게 생각하는가?
3. 절굿공이가 달로 날아가서 계수나무가 된 것에 대해 어떻게 생각하는가?
4. 손자병법 "날카로운 기세는 피하고, 게으르고 돌아가려는 기세를 친다(避其銳氣[피기예기] 擊其惰歸[격기타귀])." 사례에 "방귀쟁이 시합" 동화를 제시하였는데, 방귀쟁이 아줌마와 아저씨 간에 방귀 시합에서 어떻게 하면 누가 이길 수 있겠는가?
5. (스스로에게) 관련 내용에 대해 다른 질문을 하고 대답해보세요.

> 故用兵之法(고용병지법) 高陵勿向(고릉물향) 背邱勿逆(배구물역) 佯北勿從(양배물종) 銳卒勿攻(예졸물공) 餌兵勿食(이병물식) 歸師勿遏(귀사물알) 圍師必闕(위사필궐) 窮寇勿迫(궁구물박) 此用兵之法也(차용병지법야).

그러므로 용병의 법에, 높은 언덕에 있는 적에게 향하지 말며, 뒤에 언덕을 둔 적 맞이하지 말며, 거짓으로 도망가는 적을 쫓지 말고, 사기가 날카로운 적을 공격하지 말고, 적이 주는 미끼를 먹지 말고, 돌아가려고 하는 적을 막지 말고, 포위된 적은 빠져나갈 길을 터주고, 궁핍한 지경에 있으면 너무 다그치지 말며,[23] 이것이 용병의 법이다.

陵 언덕	向 향하다
背 뒤, 등	邱 언덕
逆 거스르다, 맞이하다	佯 거짓
北 도망치다	從 쫓다
餌 먹이, 미끼	歸 돌아가다
師 스승, 군대	圍 둘러싸다, 포위하다
闕 빠지다, 비다, 대궐	寇 도둑
迫 다그치다, 궁색하다	

---

23 사례 : 신데렐라, 포기하지 않으면 승리할 수 있다

사례

신데렐라,
포기하지 않으면 승리할 수 있다

　신데렐라의 아버지는 부인이 죽자 어린 신데렐라를 위해 새엄마를 맞이했다. 새엄마에게는 두 명의 딸이 있었다. 하지만 아버지는 돈을 벌기 위해 멀리 떠났고 불행히도 그곳에서 죽고 말았다.

　계모는 아버지가 죽고 나서부터 신데렐라를 학대했다. 신데렐라는 집안일, 청소를 혼자 해야만 했다. 어느 날 궁궐 무도회 초대장을 받고 계모랑 언니들은 온갖 치장을 하며 무도회에 갈 준비를 하였다. 무도회가 열리는 날에 계모는 신데렐라의 드레스를 찢어버리고 집 안을 깨끗이 청소하라고 하였다. 속이 상한 신데렐라가 서글퍼 울고 있었는데 요정이 나타나 예쁜 드레스와 유리구두, 호박마차를 만들어주며 무도회에 참석하라고 하였다. 그리고 집 안 청소도 모두 해주었다. 그리고 신데렐라에게 밤 12시 넘으면 모든 것이 사라지니 12시 전에는 꼭 돌아와야 한다고 당부하였다.

　신데렐라는 호박마차를 타고 무도회로 갔는데 왕자는 그런 신데렐라에게 한눈에 반했다. 신데렐라는 왕자와 시간 가는 줄도 모르고 춤을 추다 12시가 되자 허겁지겁 뛰쳐나왔고, 이때 유리구두 한 짝이 벗겨졌다. 왕자는 사라진 신데렐라를 찾기 위해 노력하였다. 그 유리구두가 맞은 여인과 결혼하겠다고 전국에 알리고 모든 여자에게 신발을 신어보도록 했다. 신하들이 신데렐라 집에 왔을 때 언니들은 자기 구두가 맞다며 유리구두를 억지로 구기며 신었다. 그때 신하가 멀리 있는 신데렐라에게도 신어보게 했고 유리구두가 딱 맞았다. 신데렐라가 나머지 한 짝도 가져오면서 자신이 유리구두 주인임을 확인시키고 궁궐로 들어가 왕자와 결혼해서 행복하게 살았다.

손자를 넘어 상위 1% 사상으로 올라서기

1. 당신은 '신데렐라'를 읽고 느낀 점은 무엇인가?
2. 계모는 왜 신데렐라를 무도회에 가지 못하도록 하였을까?
3. 신데렐라는 왕자와 결혼했는데 계모와 새언니들을 어떻게 처리하면 좋을까?
4. 손자병법 "궁핍한 지경에 있으면 너무 다그치지 말며(窮寇勿迫[궁구물박])" 사례에 "신데렐라" 동화를 제시하였는데, 계모는 아버지도 돌아가시고 의지할 곳도 없는 신데렐라에게 왜 그토록 못살게 구박하였을까?
5. (스스로에게) 관련 내용에 대해 다른 질문을 하고 대답해보세요.

第八

九變篇
(구변편)

孫子曰(손자왈) 凡用兵之法(범용병지법) 將受命於君(장수명어군) 合軍聚衆(합군취중). 圮地無舍(비지무사) 衢地合交(구지합교) 絶地無留(절지무류) 圍地則謀(위지즉모) 死地則戰(사지즉전). 途有所不由(도유소불유) 軍有所不擊(군유소불격) 城有所不攻(성유소불공) 地有所不爭(지유소불쟁) 君命有所不受(군명유소불수).

故將通於九變之利者(고장통어구변지리자) 知用兵矣(지용병의). 將不通於九變之利者(장불통어구변지리자) 雖知地形(수지지형) 不能得地之利矣(불능득지지리의). 治兵不知九變之術(치병부지구변지술) 雖知五利(수지오리) 不能得人之用矣(불능득인지용의). 是故(시고) 智者之慮(지자지려) 必雜於利害(필잡어리해). 雜於利而務可伸也(잡어리이무가신야) 雜於害而患可解也(잡어해이환가해야).

손자가 말하기를, 무릇 용병의 법에, 장수가 임금으로부터 명령을 받아, 병력을 모아 군대를 합한다. 소택지에는 숙영하지 말며, 사통팔달한 요충지에서는 주변국과 외교관계에 힘쓰며, 메마른 곳에서는 머무르지 말며, 둘러싸인 곳에서는 즉각 계책을 세우며, 사지(나갈 수도 물러설 수도 없는 곳)에서는 즉시 싸운다. 길이라도 가서는 안 될 길이 있으며, 군대라도 쳐서는 안 될 군대가 있으며, 성이라도 공격해서는 안 될 성이 있으며, 땅이라도 쟁탈해서는 안 될 땅이 있으며, 임금의 명령이라도 받아들이지 않을 명령이 있다.

그러므로 장수가 다양한 변화상황의 이로움에 통달하는 자는, 용병을 아는 것이다. 장수로서 구변의 이로움에 통달하지 못한 자는, 비록 지형을 안다고 하더라도, 지형의 이점을 얻을 수 없다. 병사를 다스리는 데 구변의 방법을 모르는 자는, 비록 다섯 가지 이점을 안다고 하더라도, 병사들을 제대로 운용하지 못한다. 그러므로, 지혜로운 자의 생각은, 반드시 이와 해를 함께 고려한다.[24] 이로움을 충분히 고려하면 직무를 잘 펼 수 있고, 해로움을 충분히 고려하면 근심을 풀 수 있다.

九變 다양한 변화상황	受 받다, 받아들이다
圮 무너지다	圮地 소택지
衢 네거리, 길	衢地 사통발달한 요충지
絶 끊다, 말라죽다	絶地 외진 곳, 메마른 곳
圍 둘러싸다, 포위하다	謀 계책, 꾀, 권모술수
途 길, 도로	由 따르다, 말미암다
通 통달하다	雖 비록
術 꾀, 계략, 방법	慮 생각하다, 걱정하다
雜 섞이다, 고려하다	務 일, 직무(맡은 업무)
伸 펴다	患 근심, 걱정
解 풀다, 풀리다	

---

[24] 사례 : 백설공주. 모든 역경을 이겨내고 행복하게 살다

사례

백설공주,
모든 역경을 이겨내고 행복하게 살다

　어느 왕국의 왕비는 백설공주를 낳다가 죽었다. 왕비가 죽자 왕은 새 왕비를 맞이했고, 그 새 왕비는 나쁜 마녀였다. 새 왕비는 마법의 거울 앞에서 매일 세상에서 누가 제일 예쁘냐고 물었고, 마법의 거울은 왕비님이라 답하였다.

　백설공주는 예쁘게 무럭무럭 성장하였고, 왕비는 마법의 거울 앞에 다가가 누가 제일 예쁘냐고 묻자, 이번에 마법의 거울은 왕비님도 예쁘지만 백설공주가 더 예쁘다고 하였다. 이 말을 듣고 왕비는 백설공주를 없애려고 계획을 꾸몄다. 사냥꾼에게 백설공주를 숲에서 죽이라고 명령했지만, 사냥꾼은 백설공주를 차마 죽이지 못하고 숲속에 버리고 돌아가 왕비에게 백설공주를 죽였다고 거짓말을 했다.

　숲속에 버려진 백설공주는 한참을 헤매다가 작은 집을 발견하여 들어갔는데 그 집 안의 물건들은 모두 작았다. 백설공주는 너무 피곤하여 작은 침대들을 붙이고 잤다. 그 집 주인들은 일곱 명의 난쟁이였고, 백설공주를 같이 살게 해주었다.

　왕비는 백설공주가 죽은 줄 알고 마법의 거울에 물어보았으나 아직 살아있는 걸 알고 사과장수 할머니로 변장하여 백설공주를 찾아갔다. 사과장수 할머니가 건넨 독이 든 사과를 베어 먹은 백설공주는 죽게 되었다. 난쟁이들이 슬퍼하며 백설공주를 관에 넣고 장례식을 치르고 있을 때 마침 지나가던 이웃 나라 왕자가 관에 누워 있는 백설공주에게 반했고, 자신의 궁으로 백설공주를 데려갔다. 가는 중에 관이 흔들려 백설공주의 목에 걸려 있던 사과가 나와 백설공주는 다시 살아나게 되었다. 살아난 백설공주는 왕자와 궁에 들어가 결혼하여 행복하게 살았다.

손자를 넘어 상위 1% 사상으로 올라서기

1. 당신은 '백설공주'를 읽고 느낀 점은 무엇인가?
2. 새 왕비는 백설공주를 왜 죽이려고 했을까?
3. 일곱 명의 난장이는 백설공주에게 왜 친절하게 대했을까?
4. 손자병법 "지혜로운 자의 생각은, 반드시 이와 해를 함께 고려한다(智者之慮[지자지려] 必雜於利害[필잡어리해])." 사례에 "백설공주" 동화를 제시하였는데, 백설공주는 왕자와 결혼한 후 자신을 괴롭혔던 새 왕비를 어떻게 처리하면 좋을까?
5. (스스로에게) 관련 내용에 대해 다른 질문을 하고 대답해보세요.

是故(시고) 屈諸侯者以害(굴제후자이해) 役諸侯者以業(역제후자이업) 趣諸侯者以利(추제후자이리). 故(고) 用兵之法(용병지법) 無恃其不來(무시기불래) 恃吾有以待也(시오유이대야). 無恃其不攻(무시기불공) 恃吾有所不可攻也(시오유소불가공야). 故(고) 將有五危(장유오위) 必死可殺也(필사가살야) 必生可虜也(필생가로야) 忿速可侮也(분속가모야) 廉潔可辱也(염결가욕야) 愛民可煩也(애민가번야).

凡此五者(범차오자) 將之過也(장지과야) 用兵之災也(용병지재야). 覆軍殺將必以五危(복군살장필이오위) 不可不察也(불가불찰야).

그러므로, 제후를 굴복시키려면 해로움을 보여주고, 제후를 부리려면 일거리를 만들어주고, 제후를 달려오게 하려면 이로움을 보여주면 된다. 그러므로, 용병의 법에, 적이 오지 않을 거라 믿지 말고, 내게 대비가 되어 있음을 믿어야 한다. 적이 공격하지 않을 거라 믿지 말고,[25] 내게 적이 공격할 수 없는 준비가 되어 있음을 믿어야 한다. 그러므로, 장수에게 다섯 가지 위태로운 것이 있으니, 반드시 죽고자 하면 죽을 수 있고, 반드시 살고자 하면 포로가 될 수 있고, 급하게 성을 내면 업신여김을 당할 수 있고, 지나치게 깨끗하고자 하면 수치심을 당할 수 있고, 백성을 지나치게 사랑함은 번거로울 수 있다.

---

25 사례 : 늑대와 7마리 아기 염소, 철두철미하지 않으면 큰 실수한다

무릇 이 다섯 가지는 장수의 허물이요, 용병의 재앙이다. 군이 뒤집어지고 장수가 죽게 되는 것은 반드시 이 다섯 가지 위태로운 것 때문이니, 신중히 살피지 않을 수 없다.

屈 굽다, 굴복시키다, 베다	害 해로움, 해치다
役 부리다, 일을 시키다	業 일, 직업
趨 달리다, 쫓다	恃 믿다
危 위태하다	殺 죽다
虜 포로, 사로잡다	忿 성내다
速 빠르다, 급하다	侮 업신여기다
廉 청렴하다, 곧다	潔 깨끗하다
廉潔 청렴하고 결백하다	辱 욕(수치) 보이다
煩 번거롭다, 괴로워하다	過 허물(잘못 저지른 실수)
災 재앙	覆 뒤집히다, 무너지다
察 살피다	

사례

늑대와 7마리 아기 염소,
철두철미하지 않으면 큰 실수한다

어느 산골에 엄마 염소와 7마리 아기 염소가 살았다. 엄마 염소가 숲으로 먹을 것을 구하러 가며 아기 염소들에게 함부로 문을 열어주지 말라고 당부했다. 특히 늑대는 손이 시커멓고 목소리가 굵고 거칠기 때문에 잘 알아볼 수 있다고 했다. 엄마가 나가고 얼마 뒤 늑대가 찾아와 아기 염소들에게 엄마라며 문을 열라고 했지만 아기 염소들은 늑대의 거친 목소리를 듣고 문을 열지 않았다. 늑대는 목소리를 가다듬고 목소리를 곱게 하여 아기 염소에게 문을 열라고 했다. 하지만 아기 염소들은 늑대의 시커먼 손을 보고 늑대라고 생각하며 문을 열지 않았다. 그러자 늑대는 빵집에 가서 빵 반죽과 하얀 밀가루를 손발에 발라 하얗게 만들었다. 늑대가 염소의 집으로 가 하얗게 칠한 손을 내밀자, 아기 염소들은 엄마가 왔다고 생각하고 문을 열어주었다. 늑대는 숨어 있는 아기 염소들을 하나하나 찾아 통째로 삼켜버렸으나 다행히 벽시계 속에 숨어 있는 막내 염소는 찾지 못했다.

배가 부른 늑대는 풀밭 옆의 나무 아래서 잠이 들었다. 얼마 뒤 엄마 염소가 돌아와 막내 염소에게서 늑대 이야기를 듣고 늑대를 찾아 나섰고, 나무 그늘에서 잠든 늑대를 발견했다. 엄마 염소는 가위, 실, 바늘을 가져다가 늑대의 배를 가위로 열고 아기 염소들을 모두 구했다. 그리고 늑대를 혼내기 위해 늑대 배 속에 돌을 잔뜩 넣고는 꿰매버렸다. 엄마 염소와 아기 염소는 숨어서 늑대가 깨어나기를 기다렸다. 잠에서 깨어난 늑대는 뱃속에 돌멩이들이 가득 들어 있는 줄도 모르고 목이 말라 물을 마시려고 우물로 갔다. 늑대가 우물에서 물을 마시려 몸을 기울이자 무거워진 돌에 못 이겨 우물에 빠져 죽고 말았다. 멀리서 지켜보던 아기 염소들은 엄마와 함께 우물가로 뛰쳐나와 즐거워하며 춤을 추었다.

손자를 넘어 상위 1% 사상으로 올라서기

1. 당신은 '늑대와 7마리 아기 염소'를 읽고 느낀 점은 무엇인가?
2. 아기 염소들은 어떻게 행동했으면 늑대에게 먹히지 않았을까?
3. 늑대는 우물에 빠져 죽었는데 죽지 않으려면 어떻게 해야 했을까?
4. 손자병법 "적이 공격하지 않을 꺼라 믿지 말고(無恃其不攻[무시기불공])" 사례에 "늑대와 7마리 아기 염소" 동화를 제시하였는데, 아기 염소들은 늑대가 반드시 공격할 것이라고 알았는데 왜 잡혀 먹혔을까?
5. (스스로에게) 관련 내용에 대해 다른 질문을 하고 대답해보세요.

第九

行軍篇
(행군편)

孫子曰(손자왈) 凡處軍相敵(범처군상적) 絶山依谷(절산의곡) 視生處高(시생처고) 戰隆無登(전륭무등) 此處山之軍也(차처산지군야). 絶水必遠水(절수필원수) 客絶水而來(객절수이래) 勿迎之於水內(물영지어수내) 令半濟而擊之利(영반제이격지리). 欲戰者(욕전자) 無附於水而迎客(무부어수이영객) 視生處高(시생처고) 無迎水流(무영수류) 此處水上之軍也(차처수상지군야).

絶斥澤(절척택) 惟亟去無留(유극거무류) 若交軍於斥澤之中(약교군어척택지중) 必依水草而背衆樹(필의수초이배중수) 此處斥澤之軍也(차처척택지군야).

平陸處易(평륙처이) 右背高(우배고) 前死後生(전사후생) 此處平陸之軍也(차처평륙지군야). 凡此四軍之利(범차사군지리) 黃帝之所以勝四帝也(황제지소이승사제야).

손자가 말하기를, 무릇 군을 배치하고 적과 마주할 때, 산을 넘어갈 때는 계곡을 따라 움직이고, 생지를 보면서 높은 곳에 위치하고, 높은 곳에 있는 적과 싸우기 위해 오르지 말아야 하니, 이것이 산에 위치한 군대가 싸우는 요령이다. 물을 건너면 반드시 물에서 멀리 떨어지고, 적이 물을 건너올 때는, 물 가운데에서 맞이하지 말고, 반쯤 건너게 하고 공격하게 명하면 유리하다. 싸우기를 원할 때는, 물가에 붙어서 싸우지 말고, 생지를 보면서 높은 곳에 위치하여, 물의 흐름을 맞이하지 말 것이니, 이것이 물가에 있는 군대가 싸우는 요령이다.

소택지를 지나갈 때는, 오직 빨리 지나가고 머뭇거리지 말아야 하고, 만약 소택지에서 싸우게 되면, 반드시 물이나 풀을 의지하여 나무 숲을 등지고 싸울지니, 이것이 소택지에 있는 군대가 싸우는 요령이다.

　평지에서는 평탄한 곳에 위치하고, 오른쪽 뒤편에 높은 곳을 두고, 앞에 사지를 두고 뒤에 생지를 둘 것이니, 이것이 평지에 있는 군대가 싸우는 요령이다. 무릇 이 네 가지 지형의 이용법은, <u>황제가 주변 제왕들을 이기게 된 이치</u>[26]이다.

行軍 군대 행군	處 자리잡고 있다, 살다
相 마주하다, 보다, 서로	絶 곧바로 가다, 건너다
依 의지하다	谷 계곡, 골짜기
隆 높다	登 오르다
客 손님, 적	勿 말다, 아니다
迎 맞이하다	令 명령, 좋다
附 붙다	流 흐름, 흐르다
斥 물리치다	澤 늪, 진뻘, 못
惟 오직	亟 빠르다
草 풀, 잡초	樹 나무
平陸 평평한 땅(평지)	易 쉬울 이, 바꿀 역
黃帝 중국 전설상의 제왕	四帝 주변의 제왕

26　사례 : 왕자와 거지, 배우려는 노력은 크게 성장하게 한다

사례

왕자와 거지,
배우려는 노력은 크게 성장하게 한다

　어느 날 영국 런던에서 많은 축복을 받으며 왕자 에드워드가 태어났고, 런던의 뒷골목에서는 거지 톰이 태어났다. 10여 년이 지난 어느 날 톰은 왕궁 생활이 궁금하여 왕궁으로 숨어들었는데 그때 자신과 너무 닮은 에드워드 왕자를 만났다. 왕자는 자유스럽게 거리를 거닐며 친구들과 노는 게 꿈이었고, 톰은 왕자가 되어 보는 게 꿈이었다. 왕궁 밖에 나가 놀고 싶었던 왕자는 장난삼아 옷을 바꿔입자고 했다. 둘은 옷을 바꿔 입었고, 왕궁 밖에 나갔던 왕자는 거지 톰으로 오해받아 자기가 왕자라고 해도 아무도 그 말을 믿지 않았다.

　또한 왕궁에 머물게 된 톰은 자기는 진짜 왕자가 아니고 거지 소년이라고 해도 믿지 않았다. 오히려 왕자가 몸이 아파 정신이 이상하다고 생각했다. 왕자는 뒷골목 패거리들에게 끌려다니며 구박을 받았고, 왕궁과 다른 밑바닥 인생이 있다는 것을 느꼈다. 그들이 가난하게 사는 것은 잘못된 정치 때문이라는 사실도 알았다. 훌륭한 왕이라고 생각했던 아버지는 전쟁을 일삼고 과중한 세금으로 국민을 괴롭히는 왕이었다. 많은 것을 깨달은 왕자는 다시 왕자의 신분을 되찾으려고 노력하지만, 거지들한테 놀림만 받을 뿐이었다. 그때 마일즈 기사를 만났고, 마일즈는 단지 패거리들한테 구박당하는 것이 불쌍해 왕자의 신분을 모르고 도와주었다. 그러던 어느 날 왕이 죽고 왕자에게 왕위를 계승한다는 소식이 전해졌다. 톰이 왕위에 오른다는 소식이었다. 왕위를 계승하는 날 왕자와 마일즈 기사는 왕궁으로 급히 향했다. 톰의 머리에 왕관이 씌워지려는 순간에 왕자가 경비병을 따돌리고 들어섰다. 잠시 혼란이 생겼고 욕심이 없던 톰은 에드워드 왕자를 반갑게 맞이했다. 에드워드 왕자는 자신이 왕자임을 증명할 수 있는 다이아몬드 목걸이를 신하들에게 증거로 내놓았다. 마침내 에드워드 왕자는 왕위에 올랐고, 배고프고 불쌍한 거지 시절에 경험했던 일들을 되새기며 백성들을 위해 좋은 정치를 펼쳤다.

손자를 넘어 상위 1% 사상으로 올라서기

1. 당신은 '왕자와 거지'를 읽고 느낀 점은 무엇인가?
2. 당신은 왕자와 거지처럼 누구와 바꿨으면 하는 인물이 있는가?
3. 톰이 왕위에 오를 수도 있었는데 오르지 않은 것에 대해 어떻게 생각하는가?
4. 손자병법 "황제가 주변 제왕들을 이기게 된 이치이다(黃帝之所以勝四帝也[황제지소이승사제야])." 사례에 "왕자와 거지" 동화를 제시하였는데, 왕자가 왕위에 올라 백성들을 위해 좋은 정치를 펼칠 수 있었던 이유는 무엇이라고 생각하는가?
5. (스스로에게) 관련 내용에 대해 다른 질문을 하고 대답해보세요.

凡軍好高而惡下(범군호고이오하) 貴陽而賤陰(귀양이천음) 養生而處實(양생이처실) 軍無百疾(군무백질) 是謂必勝(시위필승). 丘陵隄防(구릉제방) 必處其陽而右背之(필처기양이우배지) 此兵之利(차병지리) 地之助也(지지조야). 上雨水沬至(상우수말지) 欲涉者待其定也(욕섭자대기정야). 凡地有絶澗天井天牢天羅天陷天隙(범지유절간천정천뢰천라천함천극) 必亟去之(필극거지) 勿近也(물근야). 吾遠之(오원지) 敵近之(적근지) 吾迎之(오영지) 敵背之(적배지). 軍旁(군방) 有險阻潢井林木蒹葭翳薈者(유험조황정임목겸가예회자) 必謹覆索之(필근복색지) 此伏姦之所也(차복간지소야). 敵近而靜者(적근이정자) 恃其險也(시기험야). 遠而挑戰者(원이도전자) 欲人之進也(욕인지진야). 其所居易者(기소거이자) 利也(리야).

무릇 군사는 높은 곳을 좋아하고 낮은 곳을 싫어하며, 양지바른 곳을 귀하게 여기고 음지를 천하게 여기니, 생지에서 말을 먹이고 쾌적한 곳에 거주하면 군대에 병이 없을 것이니, 이것을 반드시 이기는 태세라고 한다.[27] 구릉과 제방은, 반드시 양지바른 곳에 처하여 이를 오른쪽 뒤편으로 한다. 이는 용병의 이로움이요, 지형의 도움을 얻는 것이다. 상류에 비가 내려 물거품이 떠내려오면, 강을 건너려는 자는 물살이 안정되기를 기다린다. 무릇 지형이 깊은 계곡, 움푹 들어간 곳, 산이 험하

---

27 사례 : 공작새의 불평, 자신만의 장점을 알아야 성공할 수 있다

여 감옥 같은 곳, 숲이 울창한 곳, 소택 지대, 좁고 구덩이가 많은 곳이 있으면, 반드시 빨리 지나가고, 가까이해서는 안 된다. 나는 이를 멀리하면, 적은 이를 가까이 있게 될 것이며, 나는 이를 마주하고, 적은 등지게 한다. 부대 근처에, 험한 지형, 웅덩이, 수풀, 갈대숲, 가시덤불 등이 있을 때는, 반드시 삼가 반복하여 수색해야 되니, 이런 곳은 첩자가 숨은 곳이다. 적이 가까이 있으면서도 조용한 것은, 그 험함을 믿기 때문이다. 적이 멀리 있으면서 싸움을 거는 것은, 아군의 진격을 유인하려는 것이다. 평탄한 곳에 진을 치고 있다면, 지리적 이점이 있기 때문이다.

好 좋다	惡 미워할 오, 악할 악
貴 귀하다	陽 양지, 볕
賤 천히 여기다	陰 음지
養 기르다, 사육하다	丘陵 언덕
隄防 물가에 쌓아놓은 둑	助 돕다
沫 거품	涉 건너다
定 바로잡다, 정하다	絶澗 깊은 계곡
天井 움푹 들어간 곳	天牢 감옥 같은 곳
天羅 숲이 울창한 곳	天陷 소택 지대
天隙 좁고 구덩이 많은 곳	迎 마주하다
背 등지다	旁 옆, 곁, 두루
險阻 험한 지형	潢 웅덩이
井 우물	橫井 웅덩이
蒹 갈대	葭 갈대
蒹葭 갈대숲	蘙 무성한 모양
薈 무성하다	蘙薈 가시덤불
謹 삼가다, 경계하다	覆 뒤집히다, 수색하다

사례

공작새의 불평,
자신만의 장점을 알아야 성공할 수 있다

공작새는 어느 날 숲속을 거닐다 꾀꼬리가 예쁜 목소리로 노래하는 소리를 듣고 꾀꼬리를 무척 부러워했다. 얼마 후 독수리가 큰 먹이를 잡아 날아가는 모습을 보고는 독수리의 센 힘을 부러워했다.

공작새는 숲속 여신을 찾아가 자신의 목소리는 예쁘지도 않고, 힘도 약하다며 투덜거렸다. 그러자 여신은 공작새에게 너의 예쁜 꼬리를 다른 동물들에게 펼쳐서 보여주라고 했다.

숲속 여신의 말을 듣고 공작새는 숲으로 돌아가 꼬리를 활짝 펼쳤다. 주변에 있던 다른 동물들은 공작새의 펼쳐진 꼬리를 보며 그 아름다움에 감탄하였다. 공작새는 자신의 아름다움을 깨닫고 다시는 투덜거리지 않았다.

손자를 넘어 상위 1% 사상으로 올라서기

1. 당신은 '공작새의 불평'을 읽고 느낀 점은 무엇인가?
2. 당신이 제일 잘하는 것은 무엇이고, 그것을 어떻게 활용하고 있는가?
3. 당신은 주위 사람들과 비교한 적은 있었는가? 무엇을 느꼈는가?
4. 손자병법 "이것을 반드시 이기는 태세라고 한다(是謂必勝[시위필승])." 사례에 "공작새의 불평" 동화를 제시하였는데, 공작새는 어떤 점이 다른 동물들보다 월등히 나은가?
5. (스스로에게) 관련 내용에 대해 다른 질문을 하고 대답해보세요.

衆樹動者(중수동자) 來也(래야). 衆草多障者(중초다장자) 疑也(의야). 鳥起者(조기자) 伏也(복야). 獸駭者(수해자) 覆也(복야). 塵高而銳者(진고이예자) 車來也(차래야). 卑而廣者(비이광자) 徒來也(도래야). 散而條達者(산이조달자) 樵採也(초채야). 少而往來者(소이왕래자) 營軍也(영군야).

辭卑而益備者(사비이익비자) 進也(진야). 辭强而進驅者(사강이진구자) 退也(퇴야). 輕車先出居其側者(경거선출거기측자) 陳也(진야). 無約而請和者(무약이청화자) 謀也(모야). 奔走而陳兵車者(분주이진병차자) 期也(기야). 半進半退者(반진반퇴자) 誘也(유야). 倚杖而立者(의장이립자) 飢也(기야). 汲而先飮者(급이선음자) 渴也(갈야). 見利而不進者(견리이부진자) 勞也(노야).

　많은 나무들이 움직이는 것은 적이 오는 것이다. 풀밭에 가로막는 게 많은 것은 의심을 하게 위함이다. 새가 날아오르는 것은, 복병이 있는 것이다. 짐승이 놀라 달아나는 것은, 수색하고 있는 것이다. 먼지가 높고 날카롭게 오르는 것은, 전차가 오는 것이요, 먼지가 낮고 넓게 깔리는 것은, 보병이 오는 것이다. 여러 곳에 흩어져 일어나는 것은, 땔나무를 하는 것이요, 적은 인원이 갔다 왔다 하는 것은, 숙영을 준비하는 것이다.

　사신이 말은 겸손하면서 많이 준비를 하는 것은, 진격하려는 것이다. 말은 강경하면서 앞으로 달려 나오려는 자는, 퇴각하려는 것이다. 경전차가 먼저 나와서 양측에 서는 것은, 진영을 갖추는 것이다. 약조도 없이 강화를 청하는 것은, 모략이 있는 것²⁸이다. 분주히 뛰어다니며 병력과 전차를 배치하는 것은, 전투를 기약하는 것이다. 반쯤 전진하다가 반쯤 퇴각하는 것은, 아군을 유인하려는 것이다. 지팡이를 의지해 서 있는 것은, 굶주린 것이다. 물을 길어 먼저 마시는 것은, 목마른 것이다. 이로움을 보고도 진격하지 않는 것은, 피로한 것이다.

障 가로막다	疑 의심하다
鳥 새	獸 짐승
駭 놀라다	塵 흙먼지, 티끌
銳 날카롭다	卑 낮다
廣 넓다	徒 무리, 보병
散 흩어지다	條 나뭇가지, 어떤 조건
達 다다르다, 미치다	樵 땔나무
採 캐다	少 적다
往 가다	營 경영하다, 숙영하다
辭 말, 논술	益 더하다, 증가
驅 몰다, 달리다	輕 가볍다
居 있다, 살다	側 곁, 옆
陳 늘어놓다, 펴다	約 약속하다, 묶다
請 청하다	和 화합하다, 합치다
奔 달리다	走 달리다
期 기약하다, 정하다	誘 유인하다
倚 의지하다, 무기	杖 지팡이
飢 굶주리다	汲 물을 긷다
飮 마시다	渴 목이 마르다
勞 일하다, 피로하다	

---

28 사례 : 은혜 모르는 호랑이, 상대를 겉만 보고 판단하면 크게 당할 수 있다

사례

은혜 모르는 호랑이,
상대를 겉만 보고 판단하면 크게 당할 수 있다

　한 선비가 과거를 보기 위해 걸어가고 있는데 함정에 빠진 호랑이가 살려달라고 애원하는 소리를 들었다. 선비가 호랑이를 구해주고 나면 잡아먹힐까봐 두려워 망설이자, 호랑이는 절대로 잡아먹지 않겠다고 약속했다. 선비는 함정에서 호랑이를 꺼내주었다. 함정에서 빠져나온 호랑이는 배가 고파 선비를 잡아먹으려고 하였다.

　선비와 호랑이는 시비가 붙었고, 누가 옳은지 그른지 결판을 내자고 하였다. 먼저 황소에게 다가가 물었다. 황소는 사람도 우리에게 일을 시키고 잡아먹으니, 호랑이가 옳다고 하였다. 다시 소나무에 물으니 소나무 역시 사람이 우리를 베어 죽여서 사용하니 사람이 잘못이라고 하였다. 호랑이는 황소와 소나무 이야기를 듣고 의기양양하게 선비를 잡아먹으려고 하였다.

　그때 마침 여우가 지나가며 호랑이와 선비가 다투는 것을 보았다. 여우는 무슨 일이냐며 그 사연을 듣고 어떤 상황인지 알 수 없으니 호랑이에게 본래 있던 대로 해보라고 하였다. 그리하여 호랑이는 다시 함정에 들어갔다. 여우는 선비에게 갈 길이나 가라고 하며 사라졌다.

손자를 넘어 상위 1% 사상으로 올라서기

1. 당신은 '은혜 모르는 호랑이'를 읽고 느낀 점은 무엇인가?
2. 황소와 소나무가 사람이 잘못이라는 판결에 대해 어떻게 생각하는가?
3. 당신은 호랑이처럼 약속을 지키지 않았던 경우는 몇 번이나 있었는가?
4. 손자병법 "모략이 있는 것이다(謀也[모야])." 사례에 "은혜 모르는 호랑이" 동화를 제시하였는데, 선비는 호랑이를 함정에서 구해주어 죽을 뻔했는데 어떻게 구해주어야 호랑이로부터 안전할 수 있다고 생각하는가?
5. (스스로에게) 관련 내용에 대해 다른 질문을 하고 대답해보세요.

鳥集者(조집자) 虛也(허야). 夜呼者(야호자) 恐也(공야). 軍擾者(군요자) 將不重也(장불중야). 旌旗動者(정기동자) 亂也(난야). 吏怒者(사노자) 倦也(권야). 殺馬肉食者(살마육식자) 軍無糧也(군무량야). 懸缻不返其舍者(현부불반기사자) 窮寇也(궁구야). 諄諄翕翕(순순흡흡) 徐與人言者(서여인언자) 失衆也(실중야). 數賞者(삭상자) 窘也(군야). 數罰者(삭벌자) 困也(곤야).

先暴而後畏其衆者(선포이후외기중자) 不精之至也(부정지지야). 來委謝者(내위사자) 欲休息也(욕휴식야). 兵怒而相迎(병노이상영) 久而不合(구이불합) 又不相去(우불상거) 必謹察之(필근찰지). 兵非益多(병비익다). 雖無武進(수무무진) 足以幷力料敵取人而已(족이병력료적취인이이). 夫唯無慮而易敵者(부유무려이이적자) 必擒於人(필금어인).

새가 모이는 것은, 비어 있는 것이다. 밤에 소리 지르는 것은, 겁먹은 것이다. 군이 어지러운 것은, 장수가 위엄이 없는 것이다. 깃발이 흔들리는 것은, 혼란에 빠진 것이다. 간부가 성내는 것은, 게을러져 있기 때문이다. 말을 죽여 고기를 먹는 것은, 군량이 없는 것이다. 그릇을 걸어두고 자기 막사로 돌아가지 않는 것은, 궁지에 처해 있는 것이다. 장수가 타이르듯 하여 화합하려고, 천천히 자신 없이 말하는 것은, 병사들의 신망을 잃었음이다. 자주 상을 주는 것은, 궁해졌기 때문이다. 자주 벌을 주는 것은, 어려워졌음이다.

먼저 난폭하게 한 후에 부하들을 겁내는 것은, 지극히 정교하지 못한 것이다.²⁹ 사자가 와서 좋은 것을 맡기며 사죄하는 것은, 휴식을 원하는 것이다. 적군이 분노하여 서로 마주한 채, 오랫동안 전투하지 않고, 또한 떠나지 않는 것은, 반드시 삼가 살펴야 한다. 병사들이 많다고 유익한 것이 아니다. 비록 굳세게 전진하지 말고, 힘을 합하고 적을 헤아려 취하면 되는 것이다. 대체로 깊은 생각 없이 적을 가볍게 여기는 자는, 반드시 적에게 사로잡힌다.

集 모이다	虛 비다, 틈, 헛점
呼 부르다	恐 두려워하다, 두려움
擾 어지럽다	亂 어지럽다, 혼란
吏 벼슬아치, 간부	怒 성내다, 화내다
倦 게으르다	糧 양식
懸 매달다	甀 작은 항아리, 그릇
返 돌아가다	寇 도둑, 난리
諄 타이르다	翕 합하다, 화합하다
徐 천천하다, 평온하다	失 잃다
數 자주	賞 상을 주다
窘 궁해지다, 막히다	罰 죄, 벌
困 괴롭다, 부족하다	暴 사납다, 난폭하다
畏 두려워하다	委 맡기다
謝 사죄하다, 용서를 빌다	休 쉬다, 휴가
息 쉬다, 호흡	迎 맞이하다, 마주하다
雖 비록	武 굳세다, 무기
足 달리다, 발	倂 어우르다, 함께 하다
料 헤아리다	夫 지아비
唯 오직, 비록 ~하더라도	擒 사로잡다

---

29 사례 : 견우와 직녀, 게으르면 불행하게 된다

사례

견우와 직녀,
게으르면 불행하게 된다

　옛날에 하늘나라 옥황상제에게 딸이 있었는데 그 이름은 직녀였다. 직녀는 베를 잘 짠다고 하여 붙여진 이름이었다. 그리고 하늘나라 서쪽에는 견우라는 남자가 있었는데 소를 잘 몰아서 견우라는 이름이 붙여졌다. 어느 날 견우와 직녀가 만났는데 둘은 한눈에 서로 좋아하게 되었다. 이를 안 옥황상제는 견우와 직녀를 결혼시켜 주었다. 하지만 견우와 직녀는 결혼한 후 자신들의 일을 게을리하고 놀러만 다녔다. 옥황상제가 이를 괘씸하게 여겨, 견우는 동쪽 끝으로 보내고, 직녀는 서쪽 끝으로 보내 1년에 한 번만 만날 수 있게 하였다. 그날이 바로 7월 7일 칠석날이다. 하지만 칠석날에 견우와 직녀는 하늘의 은하수가 넓어서 서로의 얼굴조차 볼 수 없었다. 매년 견우와 직녀가 서러워 울었는데 그 눈물이 비가 되어 땅으로 내려와 홍수가 났다. 땅에서는 이런 비 때문에 고생했고, 이를 알고 까마귀와 까치는 은하수 사이에 다리를 놓아주어 둘을 만날 수 있도록 하자고 했다. 까마귀와 까치가 서로의 꽁지를 물고 은하수에 긴 다리를 놓아 마침내 서로가 만날 수 있게 되었다.

손자를 넘어 상위 1% 사상으로 올라서기

1. 당신은 '견우와 직녀'를 읽고 느낀 점은 무엇인가?
2. 견우와 직녀는 결혼한 이후에 왜 자신들의 일을 소홀히 하였을까?
3. 견우와 직녀는 1년에 한 번이 아니라 보고 싶을 때 만날 방법은 무엇일까?
4. 손자병법 "지극히 정교하지 못한 것이다(不精之至也[부정지지야])." 사례에 "견우와 직녀" 동화를 제시하였는데, 견우와 직녀는 해야 할 일은 하지 않고 놀러만 다녔는데 옥황상제가 벌을 내리지 않았더라도 이들의 앞날은 어떤 모습이었을까?
5. (스스로에게) 관련 내용에 대해 다른 질문을 하고 대답해보세요.

卒未親附(졸미친부) 而罰之(이벌지) 則不服(즉불복). 不服則難用也(불복즉난용야) 卒已親附(졸이친부) 而罰不行(이벌불행) 則不可用也(즉불가용야).

故(고) 令之以文(령지이문) 齊之以武(제지이무) 是謂必取(시위필취). 令素行(령소행) 以敎其民(이교기민) 則民服(즉민복). 令不素行(령불소행) 以敎其民(이교기민) 則民不服(즉민불복). 令素行者(령소행자) 與衆相得也(여중상득야).

병들이 아직 친하게 따르기도 전에 벌하면, 복종하지 않는다. 복종하지 않으면 즉 쓰기가 어렵다. 병들이 이미 친하게 따르는데, 벌하지 않으면, 역시 쓰지 못한다.[30]

그러므로, 명령하는 데는 글로써 하고, 부하를 가지런함에 병법으로 하면, 이것을 반드시 승리하는 길이라 한다. 법령이 평소부터 잘 행해지면서, 그 백성을 가르치면, 백성이 따른다. 법령이 평소에 잘 행해지도 않으면서, 백성을 가르치면, 백성은 따르지 않는다. 법령이 평소부터 잘 행해지는 것은, 백성들과 더불어 서로 이득이 되는 것이다.

未 아직, 아니다	附 따르다, 붙다, 기대다
服 복종하다, 옷, 의복	難 어렵다
已 이미	文 글, 문자
齊 가지런하다, 갖추다	武 병법, 무기

---

30 사례 : 피노키오. 매를 사용하는 것보다 교육과 사랑이 더 큰 힘을 발휘한다

사례

피노키오, 매를 사용하는 것보다 교육과 사랑은 더 큰 힘을 발휘한다

　어느 마을에서 제페토 할아버지는 나무로 피노키오를 만들어 손자로 여기며 살아가고 있었다. 한밤중에 천사가 나무 인형인 피노키오를 말하고 움직일 수 있는 소년으로 만들었다. 할아버지는 아침에 일어나 피노키오가 노래하고 춤추는 모습을 보고 기뻐하였다. 어느 날 피노키오는 학교 친구인 로메오의 꼬임에 빠져 책을 팔아 서커스의 인형극을 구경하러 갔다. 피노키오는 인형들의 춤이 흥겨워 무대에 올라가 같이 춤을 추다가 서커스단 단장에게 붙잡혔다. 쇠사슬에 묶인 피노키오에게 천사가 찾아와 인형극에 왜 왔냐고 묻자, 피노키오는 거짓말로 대답하였다. 이때 피노키오의 코가 늘어났다. 피노키오가 울면서 잘못했다고 하자 천사는 코를 원래대로 해주고 쇠사슬을 풀어주었다. 피노키오는 제페토 할아버지의 집으로 돌아가던 중 친구 로메오를 만나 장난감 나라로 가는 마차를 탔다.

　피노키오와 로메오는 장난감 나라에서 재미있게 놀았다. 다음날 피노키오는 자기 귀가 당나귀처럼 늘어나고 꼬리도 생겨난 것을 보고 깜짝 놀랐다. 로메오는 학교 가기 싫어하는 아이들은 당나귀가 되는 모양이라며 울며 도망갔다. 천사는 피노키오에게 다가가 제페토 할아버지가 너를 찾아 헤매다가 커다란 고래에게 잡아먹혔다고 알려주었다. 피노키오는 천사의 비둘기를 타고 제페토 할아버지를 찾아갔다. 피노키오는 큰 돌을 꼬리에 매고 바닷속으로 들어가 커다란 고래의 배로 들어갔다. 고래 배 속에서 피노키오를 만난 제페토 할아버지는 매우 기뻐하였다. 피노키오와 할아버지는 땔감을 모아 연기를 피웠고, 고래가 연기 때문에 재채기하자 둘은 바다 위로 올라왔다. 이때 피노키오는 기절하였다.

제페토 할아버지는 피노키오를 지극정성으로 간호하였고, 정신을 잃었던 피노키오에게 천사가 찾아와 당나귀 귀와 꼬리도 떼어주고 피노키오를 실제 사람의 몸으로 만들어주었다. 피노키오와 제페토 할아버지는 기뻐하며 행복하게 살았다.

손자를 넘어 상위 1% 사상으로 올라서기

1. 당신은 '피노키오'를 읽고 느낀 점은 무엇인가?
2. 제페토 할아버지는 피노키오를 얼마나 사랑하였을까?
3. 피노키오는 거짓말하면 코가 길어지는데 이에 대해 어떻게 생각하는가?
4. 손자병법 "이미 친하게 따르는데, 벌하지 않으면, 역시 쓰지 못한다(卒已親附[졸이친부] 而罰不行[이벌불행] 則不可用也[즉불가용야])." 사례에 "피노키오" 동화를 제시하였는데, 피노키오는 거짓말을 할 때마다 어떤 벌들을 받았는가?
5. (스스로에게) 관련 내용에 대해 다른 질문을 하고 대답해보세요.

第十

地形篇
(지형편)

孫子曰(손자왈) 地形(지형) 有通者(유통자) 有挂者(유괘자) 有支者(유지자) 有隘者(유애자) 有險者(유험자) 有遠者(유원자). 我可以往(아가이왕) 彼可以來(피가이래) 曰通(왈통). 通形者(통형자) 先居高陽(선거고양) 利糧道以戰則利(리량도이전즉리). 可以往(가이왕) 難以返(난이반) 曰挂(왈괘). 挂形者(괘형자) 敵無備(적무비) 出而勝之(출이승지) 敵若有備(적약유비) 出而不勝(출이불승) 難以返(난이반) 不利(불리).
我出而不利(아출이불리) 彼出而不利(피출이불리) 曰支(왈지). 支形者(지형자) 敵雖利我(적수리아) 我無出也(아무출야). 引而去之(인이거지) 令敵半出而擊之利(령적반출이격지리).

손자가 말하기를, 지형에는, 통형(통하는 곳), 괘형(걸리는 곳), 지형(버티는 곳), 애형(좁은 곳), 험형(험한 곳), 원형(먼 곳)이 있다. 내가 갈 수 있고, 적도 오기 쉬운 곳이 통형이다. 통형에서는, 먼저 높은 양지바른 곳에 위치하여, 식량의 보급로를 이롭게 하여 싸우면 이롭다. 가기는 쉬우나, 돌아오기가 어려운 곳이 괘형이다. 괘형에서는, 적의 대비만 없으면, 나아가 이길 수 있고, 만약 적의 대비가 있어서, 나아가 이기지 못하면, 되돌아오기 어려워서, 불리하다.

내가 나아가도 이로움이 없고, 적이 나아가도 이로움이 없는 곳이 지형이다. 지형에서는, 적이 비록 나에게 이롭게 하더라도, 나가지 않는다.^31 적을 유인하면서 물러나, 적으로 하여금 반쯤 나오게 한 후 이를 공격하면 유리하다.

地形 지형(땅)의 모양	通 통하다, 왕래하다
挂 걸리다, 나누다	支 지탱하다, 가르다
隘 좁다, 험하다	險 험하다
遠 멀다	往 가다
彼 저 사람, 그이	糧道 식량 보급로
難 어렵다	若 만약
雖 비록, ~하더라도	引 끌다, 유인하다
令 명령, ~하여금	半 절반
擊 치다, 나아가다	

---

31 사례 : 선녀와 나무꾼. 나무꾼은 자신의 실수로 수탉이 되었다

사례

선녀와 나무꾼,
나무꾼은 자신의 실수로 수탉이 되었다

　옛날 한 마을에 나무꾼과 어머니가 살고 있었다. 어느 날 나무꾼이 나무를 베고 있을 때 사슴 한 마리가 사냥꾼에게 쫓기고 있으니 살려달라고 애원했다. 나무꾼은 나뭇더미 속에 사슴을 숨겨 구해주었다. 사슴은 선녀들이 목욕하러 내려오는 연못을 알려주며 선녀들이 목욕할 때 몰래 선녀의 날개옷을 감추라고 했다. 그리고 하늘로 올라가지 못한 선녀를 집으로 데려가 지극히 보살피면 아내로 맞이할 수 있다고 하였다. 하지만 세 아이를 낳기 전까지는 절대로 선녀에게 날개옷을 보여주지 말라고 당부했다.

　나무꾼은 사슴이 일러준 연못을 찾아 한 선녀의 날개옷을 훔쳤고, 그 선녀는 하늘로 돌아가지 못했다. 나무꾼은 그 선녀를 집으로 데려와 아내로 삼았고, 선녀는 두 아이를 낳았다. 선녀가 아이를 둘이나 두었으니 날개옷을 보여달라고 사정하자 나무꾼은 날개옷을 건네주었다. 날개옷을 받은 선녀는 날개옷을 입고 양손으로 두 아이를 품고서 하늘로 올라가 버렸다. 사슴이 다시 찾아와 연못에 가면 하늘에서 두레박이 내려오는데 그 두레박을 타면 하늘로 올라갈 수 있다고 알려주었다.

　나무꾼은 연못에 두레박이 내려오자 두레박을 타고 하늘로 올라가 선녀와 아이들을 만났다. 나무꾼은 하늘에서 행복하게 지냈지만 홀로

계신 어머니가 걱정되어 근심 어린 얼굴을 하고 있었다. 선녀는 나무꾼에게 어머니를 만나고 오라고 천마를 내주며 절대 말에서 내리지 말라고 당부했다. 나무꾼은 천마를 타고 어머니를 만났고, 어머니는 아들이 좋아하는 팥죽을 끓여주었다. 뜨거운 팥죽을 먹다가 말 등에 팥죽을 흘리자 천마는 기겁하고 날뛰며 나무꾼을 땅바닥에 떨어뜨린 채 하늘로 올라가 버렸다. 하늘로 못 가게 된 나무꾼은 아내와 아이들을 그리워하며 그 자리에서 수탉이 되었다. 수탉은 새벽마다 하늘을 향해 소리를 내며 울었다.

손자를 넘어 상위 1% 사상으로 올라서기

1. 당신은 '선녀와 나무꾼'을 읽고 느낀 점은 무엇인가?
2. 나무꾼이 선녀의 날개옷을 훔친 것에 대해 어떻게 생각하는가?
3. 선녀는 두 아이만을 데리고 하늘나라로 갔는데 이를 어떻게 생각하는가?
4. 나무꾼은 천마 등에서 뜨거운 팥죽을 어떻게 먹어야 했을까?
5. 손자병법 "나에게 이롭게 하더라도, 나가지 않는다(敵雖利我[적수리아] 我無出也[아무출야])." 사례에 "선녀와 나무꾼" 동화를 제시하였는데, 나무꾼이 사슴이 일러준 대로 선녀의 옷을 훔치지 않았다면 나무꾼과 어머니는 오래오래 행복하게 살 수 있었을까? 그 이유는 무엇인가?
6. (스스로에게) 관련 내용에 대해 다른 질문을 하고 대답해보세요.

隘形者(애형자) 我先居之(아선거지) 必盈之以待敵(필영지이대적) 若敵先居之(약적선거지) 盈而勿從(영이물종) 不盈而從之(불영이종지). 險形者(험형자) 我先居之(아선거지) 必居高陽以待敵(필거고양이대적). 若敵先居之(약적선거지) 引而去之(인이거지) 勿從也(물종야). 遠形者(원형자) 勢均難以挑戰(세균난이도전) 戰而不利(전이불리).

凡此六者(범차육자) 地之道也(지지도야) 將之至任(장지지임) 不可不察也(불가불찰야). 故(고) 兵(병) 有走者(유주자) 有弛者(유이자) 有陷者(유함자) 有崩者(유붕자) 有亂者(유란자) 有北者(유배자).

凡此六者(범차육자) 非天地之災(비천지지재) 將之過也(장지과야). 夫勢均(부세균) 以一擊十(이일격십) 曰走(왈주). 卒强吏弱(졸강리약) 曰弛(왈이). 吏强卒弱(리강졸약) 曰陷(왈함). 大吏怒而不服(대리노이불복) 遇敵懟而自戰(우적대이자전) 將不知其能(장부지기능) 曰崩(왈붕).

애형에서는, 내가 먼저 위치하여, 반드시 군사를 채우고 나서 적을 맞이하고, 만약 적이 먼저 위치하여, 충분히 배치했으면 나아가지 말고, 충분히 배치되지 않았으면 나아간다. 험형에서는, 내가 먼저 위치하면, 높고 양지바른 곳에 위치하여, 적을 기다리고, 만일 적이 먼저 위치했으면, 군사를 이끌고 물러나야지, 쫓아가서는 안 된다. 원형에서는, 기세(세력)가 균등하여 싸움을 걸기가 어려우니, 먼저 싸우면 불리하다.

무릇 이 여섯 가지는, 지형의 활용법으로, 장수의 중요한 임무이니 깊이 살펴야 한다. ³² 그리고, 군대에는, 주병, 이병, 함병, 붕병, 난병, 배병이 있다.

무릇 이 여섯 가지는, 천지의 재앙이 아니라, 장수의 잘못이다. 무릇 세력이 비슷한데, 1로써 10을 공격하면 주병이다. 병사는 강하고 간부가 약하면 이병이다. 간부는 강하고 병사가 약하면 함병이다. 고위 간부가 성을 내고 부하들이 복종하지 않고, 적을 만나면 원망하며 제멋대로 싸우고, 장수가 그의 능력(상태)을 알지 못하면 붕병이다.

盈 차다, 그릇에 가득 차다	待 기다리다
勿 말다, 아니다	從 쫓다, 나아가다
勢 기세, 세력	均 고르다, 조화를 이루다
挑 걸다, 돋우다	任 맡은 일, 맡다
至 지극히, 이루다	走 달아나다, 달리다
弛 없애다, 늦추다	陷 빠지다, 추락하다
崩 무너지다	亂 어지럽다
北 달아나다, 북녘	災 재앙
過 잘못	大吏 고위간부
遇 만나다	懟 원망하다
自戰 제멋대로 싸우다	能 능력

---

32 사례 : 욕심 많은 개, 신중하지 못한 일 처리는 잘못된다

사례

욕심 많은 개,
신중하지 못한 일 처리는 잘못된다

어느 마을에 욕심 많은 개가 살고 있었다. 그 개가 길을 거닐다 운 좋게 고기 한 덩어리를 주웠고, 다른 동물에게 빼앗기지 않으려고 고기를 물고 한적한 곳으로 가고 있었다.

개울 위의 다리를 건너다 개울을 내려다본 개는 깜짝 놀랐다. 다른 개가 자기보다 더 큰 고기를 물고 있었다. 개는 물속에 비친 개가 자신인 줄도 모르고 그 큰 고기를 빼앗으려고 입을 벌려 크게 짖었다. 그 순간 입에 물고 있던 고기는 개울에 풍덩 빠지고 말았다.

손자를 넘어 상위 1% 사상으로 올라서기

1. 당신은 '욕심 많은 개'를 읽고 느낀 점은 무엇인가?
2. 당신은 욕심 많은 개처럼 후회했던 행동들은 무엇이고, 그 이후에 어떻게 행동하였는가?
3. 현재 갖고 있는 욕심들은 무엇이고, 그 욕심들을 어떻게 이루어 나갈 것인가?
4. 손자병법 "장수의 중요한 임무이니 깊이 살펴야 한다(將之至任[장지지임] 不可不察也[불가불찰야])." 사례에 "욕심 많은 개" 동화를 제시하였는데, 개는 먹는 것을 좋아하는데 주웠던 고기를 개울에 빠지지 않게 하는 방법은 무엇일까?
5. (스스로에게) 관련 내용에 대해 다른 질문을 하고 대답해보세요.

將弱不嚴(장약불엄) 敎道不明(교도불명) 吏卒無常(리졸무상) 陣兵縱橫(진병종횡) 曰亂(왈란). 將不能料敵(장불능료적) 以少合衆(이소합중) 以弱擊强(이약격강) 兵無選鋒(병무선봉) 曰北(왈배)

凡此六者(범차육자) 敗之道也(패지도야) 將之至任(장지지임) 不可不察也(불가불찰야). 夫地形者(부지형자) 兵之助也(병지조야). 料敵制勝(요적제승) 計險阨遠近(계험액원근) 上將之道也(상장지도야). 知此而用戰者(지차이용전자) 必勝(필승). 不知此而用戰者(부지차이용전자) 必敗(필패).

故戰道必勝(고전도필승) 主曰無戰(주왈무전) 必戰可也(필전가야). 戰道不勝(전도불승) 主曰必戰(주왈필전) 無戰可也(무전가야). 故進不求名(고진불구명) 退不避罪(퇴불피죄) 惟民是保(유민시보) 而利於主(이리어주) 國之寶也(국지보야).

장수가 약하여 엄하지 못하고, 이치를 가르침이 분명치 못하며, 간부와 병사 간에 일정한 법도가 없고, 전투대형이 종횡으로 어지러우면 난병이다. 장수가 적을 잘 헤아리지 못하고, 적은 병력으로 많은 적과 맞서게 하고, 약한 병력으로 강한 적을 공격하여, 부대에 선봉부대가 없으면 배병이다.

무릇 이 여섯 가지는, 패배하는 길이며, 장수의 중요한 임무이니, 살피지 않을 수 없다. 무릇 지형은, 용병을 돕는 것이다. 적을 헤아려 승리 태세를 만들고, 지형의 험함과 좁음, 멀고 가까움을 헤아리는 것

³³은, 상장군의 도리이다. 이를 알고 전투에 이용하면 반드시 승리하고, 이를 알지 못하고 전투하면, 반드시 패배한다.

그러므로 전쟁의 법도에서 반드시 승리할 때는, 임금이 싸우지 말라고 하더라도, 반드시 싸우는 것이 가하다. 전쟁에서 승리할 수 없을 때는, 임금이 싸우라고 해도, 싸우지 않는 것이 가하다. 그러므로 진격함에 명예를 구하지 않고, 물러섬에 죄를 피하지 않으며, 오직 백성을 보호하고, 임금을 이롭게 하는 자는, 나라의 보배이다.

弱 약하다	嚴 엄하다
敎道 이치를 가르치다	明 분명하다, 밝다
常 법도, 항상	陣兵 전투대형
縱 세로, 늘어지다	橫 가로, 가로지르다
料 헤아리다	選 좋다, 가리다
鋒 날카로운 기세, 칼끝	選鋒 맨앞에서 작전수행 부대
敗 지다, 부서지다, 패배	助 돕다
計 헤아리다, 계략, 꾀	阨 좁다, 험하다
主 임금, 주인, 주요한	名 명예, 이름
罪 죄, 허물	惟 오직
保 보호하다	寶 보배

---

33 사례 : 시골쥐와 도시쥐, 겉모양으로만 평가하면 잘못되어 간다

사례

시골쥐와 도시쥐,
겉모양으로만 평가하면 잘못되어 간다

    시골쥐와 도시쥐는 친하게 지내고 있었다. 어느 날 시골쥐가 도시쥐를 초대했고, 도시쥐는 시골쥐의 집을 방문했다. 시골쥐가 보리, 밀 같은 음식을 차려주었는데 도시의 맛있는 것들에 길든 도시쥐는 이것들을 맛있게 먹지 못했다.

    도시쥐는 시골쥐에게 맛있는 음식이 산처럼 많다고 자랑하며 자기 집으로 데려갔다. 시골쥐에게 도시 구경을 맘껏 시켜주고 과자, 치즈 등 음식도 대접했다. 시골쥐는 도시쥐를 부러워하며 시골보다 멋진 도시에서 살고 싶어졌다.

    도시쥐와 시골쥐가 식탁에서 음식을 먹으려고 할 때 고양이가 나타나 둘은 간신히 쥐구멍으로 달아났다. 고양이가 사라진 것을 알고 다시 나와 음식을 먹다가 사람이 들어오자 다시 쥐구멍으로 줄행랑을 쳤다. 도시쥐와 시골쥐는 음식을 제대로 먹지 못해 배가 고팠다.

    도시의 생활을 부러워했던 시골쥐는 무섭고 위험한 도시보다 시골에서 평화롭고 조용하게 사는 것이 더 낫다며 시골집으로 돌아갔다.

손자를 넘어 상위 1% 사상으로 올라서기

1. 당신은 '시골쥐와 도시쥐'를 읽고 느낀 점은 무엇인가?

2. 시골쥐가 도시쥐보다 나은 것은 무엇이라고 생각하는가?

3. 도시쥐가 시골쥐보다 나은 것은 무엇이라고 생각하는가?

4. 손자병법 "지형의 험함과 좁음, 멀고 가까움을 헤아리는 것(計險阨遠近[계험액원근])" 사례에 "시골쥐와 도시쥐" 동화를 제시하였는데, 시골쥐와 도시쥐가 도시에서 식탁 위에 차려진 음식들을 맛있게 먹을 방법에는 무엇이 있을까?

5. (스스로에게) 관련 내용에 대해 다른 질문을 하고 대답해보세요.

視卒如嬰兒(시졸여영아) 故可與之赴深谿(고가여지부심계). 視卒如愛子(시졸여애자) 故可與之俱死(고가여지구사). 厚而不能使(후이불능사) 愛而不能令(애이불능령) 亂而不能治(난이불능치) 譬如驕子(비여교자) 不可用也(불가용야).

知吾卒之可以擊(지오졸지가이격) 而不知敵之不可擊(이부지적지불가격) 勝之半也(승지반야). 知敵之可擊(지적지가격) 而不知吾卒之不可以擊(이부지오졸지불가이격) 勝之半也(승지반야). 知敵之可擊(지적지가격) 知吾卒之可以擊(지오졸지가이격) 而不知地形之不可以戰(이부지지형지불가이전) 勝之半也(승지반야).

故知兵者(고지병자) 動而不迷(동이불미) 擧而不窮(거이불궁). 故曰(고왈) 知彼知己(지피지기) 勝乃不殆(승내불태). 知天知地(지천지지) 勝乃可全(승내가전).

병사 돌보기를 어린아이 돌보듯이 하면, 가히 함께 깊은 골짜기도 나아갈 수 있다. 병사 돌보기를 사랑하는 자식같이 하면, 가히 함께 죽을 수 있는 것이다. 후하게 한다고 일을 시키지 못하고, 사랑한다고 명령을 내리지 못하며, 어지러워도 다스릴 수 없다면, 마치 교만한 자식 같아서, 쓸 수가 없다.

나의 군사로 공격해도 된다는 것은 알고, 적을 공격해서는 안 된다는 것을 모르면, 승리는 반이다. 적을 공격해도 가능하다는 것은 알고, 나의 군사로는 공격해서는 안 된다는 것을 모르면, 승리는 반이다. 적을 공격해야 함을 알고, 나의 군사로도 공격이 가능함을 알아도, 싸울 수 없는 지형임을 알지 못하면, 승리는 반이다.

그러므로 용병을 아는 자는, 움직여도 혼란하지 않고, 군사를 움직여도 막힘이 없다. 그러므로 말하기를, 적를 알고 나를 알면, 승리함에 위태하지 않고, 하늘을 알고 땅을 알면, 승리함에 가히 온전해질 수 있다.[34]

視 돌보다	嬰 갓난아이
兒 아이	嬰兒 어린아이
赴 나아가다	谿 계곡, 골짜기
愛 사랑하다	俱 함께
厚 후하다, 두텁게 하다	使 시키다, 하여금
令 명령	亂 어지럽다
治 다스리다	譬 비유하다
驕 교만하다, 버릇없다	半 반, 절반
動 움직이다	迷 헤매게 하다, 정신 못 차림
擧 들다, 움직이다	窮 막히다, 다하다
乃 이에	殆 위태하다, 위태로워하다
全 온전하다	

---

34 사례 : 개미와 베짱이, 베짱이는 놀기만 해서 어려움에 처했다

第十. 地形篇(지형편)

사례

개미와 베짱이,
베짱이는 놀기만 해서 어려움에 처했다

　옛날 한 마을에 개미와 베짱이가 살았다. 개미는 매일 쉬지 않고 일을 했지만, 베짱이는 바이올린을 켜고 노래를 부르며 놀았다. 베짱이는 여름에 땀을 흘려가며 일하는 개미를 보며 한심하게 여겼다.

　베짱이는 개미에게 놀면서 쉬엄쉬엄 일하지 왜 일만 하냐고 묻자, 개미는 추운 겨울에는 먹이가 없어 부지런히 먹이를 모아두어야 한다고 했다. 하지만 베짱이는 가을에도 변함없이 놀았다. 개미는 베짱이가 걱정되어 지금 먹이를 모으지 않으면 겨울에는 춥고 배고플 거라고 했지만 베짱이는 개미의 충고를 무시했다.

　나뭇잎이 떨어지고 눈이 내리는 겨울이 오자 개미는 그동안 열심히 일한 덕분에 집에서 따뜻하게 맛있는 것을 먹으며 겨울을 보냈다. 하지만 베짱이는 놀기만 했기 때문에 추운 겨울을 보내기가 고통스러웠다. 베짱이가 개미의 집을 찾아가 개미의 충고를 무시한 것에 대해 잘못을 빌었고, 앞으로는 미리미리 잘 준비하겠다며 다짐했다. 개미는 베짱이에게 흔쾌히 먹을 것을 나눠주었고, 둘은 겨울을 무사히 보냈다.

손자를 넘어 상위 1% 사상으로 올라서기

1. 당신은 '개미와 베짱이'를 읽고 느낀 점은 무엇인가?

2. 당신은 개미처럼 미래를 위해 준비하고 있는 것은 무엇인가?

3. 당신은 베짱이와 같이 즐겁게 하는 것은 무엇인가?

4. 손자병법 "하늘을 알고 땅을 알면, 승리함에 가히 온전해질 수 있다(知天知地[지천지지] 勝乃可全[승내가전])." 사례에 "개미와 베짱이" 동화를 제시하였는데, 개미는 현재·미래에 걱정 없이 잘 살았는데 그 이유는 무엇이라고 생각하는가?

5. (스스로에게) 관련 내용에 대해 다른 질문을 하고 대답해보세요.

第十一

九地篇
(구지편)

孫子曰(손자왈) 用兵之法(용병지법) 有散地(유산지) 有輕地(유경지) 有爭地(유쟁지) 有交地(유교지) 有衢地(유구지) 有重地(유중지) 有圮地(유비지) 有圍地(유위지) 有死地(유사지). 諸侯自戰其地者(제후사선기지자) 爲散地(위산지). 入人之地而不深者(입인지지이불심자) 爲輕地(위경지). 我得亦利(아득역리) 彼得亦利者(피득역리자) 爲爭地(위쟁지). 我可以往(아가이왕) 彼可以來者(피가이래자) 爲交地(위교지). 諸侯之地三屬(제후지지삼속) 先至而得天下之衆者(선지이득천하지중자) 爲衢地(위구지). 入人之地深(입인지지심) 背城邑多者(배성읍다자) 爲重地(위중지). 山林險阻沮澤(산림험조저택) 凡難行之道者(범난행지도자) 爲圮地(위비지).

所由入者隘(소유입자애) 所從歸者迂(소종귀자우) 彼寡可以擊吾之衆者(피과가이격오지중자) 爲圍地(위위지). 疾戰則存(질전즉존) 不疾戰則亡者(부질전즉망자) 爲死地(위사지).

손자가 말하기를, 용병의 법에는, 산지, 경지, 쟁지, 교지, 구지, 중지, 비지, 위지, 사지가 있다. 제후가 스스로 자신의 땅에서 싸우면, 산지이고, 적국에 들어가되 깊이 들어가지 않으면, 경지라고 한다. 내가 얻어도 유리하고, 적이 얻어도 유리하면, 쟁지이다. 나도 갈 수 있고, 적도 올 수 있는 곳은 교지이다.

제후의 땅이 세 나라에 붙어 있어서, 먼저 가서 얻으면, 천하의 무리(백성)를 얻을 수 있는 곳이, 구지이다. 적국 깊이 들어가, 배후에 적의 성읍을 등진 곳이 많이 있는 곳이, 중지이다. 산림, 험한 지형, 소택지 등, 무릇 지나는 길이 어려운 곳[35]이, 비지이다.

들어오는 곳이 좁고, 돌아 나가는 곳이 구불구불하여, 적은 병력으로 나의 많은 병력을 공격할 수 있는 곳이 위지이다. 서둘러 싸우면 살고, 서둘러 싸우지 않으면 죽는 곳이, 사지이다.

散 흩어지다, 헤어지다	輕 가볍다, 업신여기다
爭 다투다	交 주고받고 하다, 사귀다
衢 네거리, 도로	重 무겁다
圮 무너지다, 무너뜨리다	圍 둘러싸다, 포위하다
死 죽다	亦 또한, 역시
往 가다	屬 붙다, 엮다, 모으다
衆 무리, 많은 사람	城邑 성(도읍)과 읍(고을)
山林 산과 숲	險阻 험한 지형
沮澤 소택지	由 말미암다, ~에서
從 쫓다, 나아가다	歸 돌아가다
迂 구불구불하다, 굽히다	寡 적다
擊 치다, 공격하다	疾 서둘러, 질병

---

35 사례 : 여우와 포도. 눈앞에 놓인 현실만 쫓으면 죽을 수 있다

사례

여우와 포도,
눈앞에 놓인 현실만 쫓으면 죽을 수 있다

어느 날 배고픈 여우 한 마리가 포도밭을 기웃거리고 있었다. 여우는 촘촘한 울타리 때문에 포도밭에 들어갈 수가 없었다. 울타리를 몇 바퀴 돌다가 울타리에 작은 틈을 찾아냈다. 하지만 그 틈은 너무 좁아 여우가 도저히 들어갈 수가 없었다. 달콤한 포도 냄새에 취한 여우는 어떻게 저 포도밭으로 들어갈까 궁리하다가 자신의 몸을 울타리 틈의 크기에 맞추어 들어가기로 결심했다. 여우는 3일을 굶었고, 몸은 홀쭉하게 되어 울타리 틈으로 포도밭에 들어갈 수가 있었다.

여우는 배가 터지도록 맛있게 포도를 먹었다. 약간 신맛이 나는 포도는 먹지 않고 그냥 마구 버렸다. 여우는 포도를 실컷 먹고 포도밭을 나가려는데 배가 너무 불러 아무리 애를 써도 울타리 틈을 빠져나갈 수가 없었다.

손자를 넘어 상위 1% 사상으로 올라서기

1. 당신은 '여우와 포도'를 읽고 느낀 점은 무엇인가?
2. 당신은 여우처럼 열심히 노력했지만 결과가 좋지 않았던 사례는 무엇인가?
3. 현재 노력 중인 일들에 대한 결과는 어떤 결과가 나올 꺼라 생각하는가?
4. 손자병법 "무릇 지나는 길이 어려운 곳(凡難行之道者[범난행지도자])" 사례에 "여우와 포도" 동화를 제시하였는데, 여우는 포도를 실컷 먹고 울타리에서 빠져 나오지 못해 사로잡혀 죽을 수 있다. 여우는 어떻게 해야 살 수 있을까?
5. (스스로에게) 관련 내용에 대해 다른 질문을 하고 대답해보세요.

是故(시고) 散地則無戰(산지즉무전) 輕地則無止(경지즉무지) 爭地則無攻(쟁지즉무공) 交地則無絶(교지즉무절) 衢地則合交(구지즉합교) 重地則掠(중지즉략) 圮地則行(비지즉행) 圍地則謀(위지즉모) 死地則戰(사지즉전).

所謂古之善用兵者(소위고지선용병자) 能使敵人(능사적인) 前後不相及(전후불상급) 衆寡不相恃(중과불상시) 貴賤不相救(귀천불상구) 上下不相扶(상하불상부) 卒離而不集(졸리이부집) 兵合而不齊(병합이부제) 合於利而動(합어리이동) 不合於利而止(불합어리이지). 敢問(감문) 敵衆整而將來(적중정이장래) 待之若何(대지약하) 曰先奪其所愛則聽矣(왈선탈기소애즉청의). 兵之情主速(병지정주속) 乘人之不及(승인지불급) 由不虞之道(유불우지도) 攻其所不戒也(공기소불계야).

이런 까닭에, 산지에서는 싸우지 말고, 경지에서는 머무르지 말고, 쟁지에서는 공격하지 말고, 교지에서는 연락이 끊이지 않도록 하고, 구지에서는 사귐에 어긋남이 없도록 하고, 중지에서는 노략질하여 현지 조달에 힘쓰고, 비지에서는 빨리 지나가고, 위지에서는 계책을 도모하고, 사지에서는 싸워야 한다.

이른바 용병을 잘하는 자는, 적으로 하여금, 앞과 뒤가 서로 미치지 못하게 하고, 대부대와 소부대가 서로 믿지 못하게 하고, 장교와 사병이 서로 구해주지 못하게 하고, 상하가 서로 돕지 못하게 하고, 병사가 흩어져 모이지 못하게 하고, 집결되어도 정연하지 못하게 한다. 이익에 맞으면 움직이고, 이익에 맞지 않으면 정지하는 것이다.³⁶ 감히 묻건대, 적이 많은 병력으로 정연한 태세로 오면, 만약 어떻게 대비하겠는가, 대답하길 우선 적이 아끼는 것을 빼앗으면 나의 말을 듣게 될 것이다. 군사작전의 으뜸은 신속함이니, 적이 미치지 못하는 틈을 타서 헤아리지 못한 길을 경유하여, 경계하지 않는 곳을 공격해야 한다.

止 머무르다, 정지하다	絶 끊다, 없애다
合 어긋남이 없다, 합하다	交 사귀다, 서로, 교차하다
交合 사귐에 어긋남이 없다	掠 노략질하다
謀 계책, 권모술수, 도모하다	所 바, 일정한 곳이나 지역
謂 이르는바, 이르다	所謂 이른바
使 하여금	及 미치게 하다, 끼치다
恃 믿다	貴 귀하다, 신분이 높다
賤 천하다, 신분 낮은 사람	扶 돕다
離 떼놓다, 흩어지다	齊 가지런하다, 정연하다
敢 감히	問 묻다
整 가지런하다, 정연하다	待 기다리다, 대비하다
若 만일, 같다	何 어찌, 무엇
奪 빼앗다	聽 듣다
情 뜻, 본성	情主 주요한 뜻, 으뜸
速 빠르다	乘 타다
由 말미암아, ~경유하여	虞 헤아리다, 염려하다
戒 경계하다	

---

36 사례 : 콩쥐와 팥쥐, 잘못된 언행으로 죽음을 맞이하다

사례

콩쥐와 팥쥐,
잘못된 언행으로 죽음을 맞이하다

　콩쥐는 어머니를 병으로 일찍 여의고 계모 슬하에서 자랐다. 계모는 자기가 낳은 팥쥐만 감싸며 콩쥐를 학대했다. 팥쥐에게는 쇠 호미를 주고 모래밭을 매게 하고, 콩쥐에게는 나무 호미를 주어 돌밭을 매게 하여 골탕을 먹이지만 하늘에서 소가 내려와 콩쥐를 도와 돌밭을 메어주고 맛있는 과일도 듬뿍 주었다.

　마을 잔칫날이 되자 계모는 팥쥐만 데리고 가면서 콩쥐에게는 밑 빠진 독에 물붓기, 곡식 찧기, 베짜기와 같은 힘든 일을 시키고 떠났다. 그러나 콩쥐에게 두꺼비가 나타나 독의 구멍을 막아주고, 새 떼가 몰려와 곡식을 까주고, 선녀가 내려와 베를 짜주었다. 그리고 선녀는 콩쥐가 잔칫집에 갈 수 있도록 입을 옷과 신발을 주었다. 콩쥐가 잔칫집에 가는 길에 원님 행렬과 마주쳤고, 피하려다 냇가에서 신발 한 짝을 잃어버렸다. 원님은 이 고운 신발의 주인을 찾도록 하였고, 수소문 끝에 콩쥐가 신발의 주인임을 알게 되었고, 어여쁜 콩쥐를 본 원님은 콩쥐와 결혼을 하였다.

　이를 시기했던 팥쥐는 나쁜 마음을 품고 콩쥐에게 접근하여 콩쥐를 연못에 빠뜨려 죽이고 콩쥐 행세를 했다. 죽은 콩쥐는 꽃으로 환생하였고, 팥쥐가 오고 갈 때마다 괴롭혔고, 결국 원님 앞에 나타나 그동안 겪었던 일들을 이야기했다. 원님은 분노하여 곧바로 팥쥐를 처형하고,

그 시신을 계모에게 보냈다. 계모는 원님이 보낸 선물인 줄 알고 기뻐했으나 팥쥐의 시신을 보고 기절하여 죽었다.

손자를 넘어 상위 1% 사상으로 올라서기

1. 당신은 '콩쥐와 팥쥐'를 읽고 느낀 점은 무엇인가?
2. 팥쥐는 죽지 않고 잘 살 수도 있었는데 그 방법은 무엇일까?
3. 콩쥐는 죽지 않고 원님과 행복하게 살 수도 있었는데 그 방법은 무엇일까?
4. 손자병법 "이익에 맞으면 움직이고, 이익에 맞지 않으면 정지하는 것이다(合於利而動[합어이동] 不合於利而止[불합어리이지])." 사례에 "콩쥐와 팥쥐" 동화를 제시하였는데, 콩쥐·팥쥐·계모는 모두 행복하게 살 수도 있었는데 모두 죽음을 맞이하였다. 그 이유는 무엇이었을까?
5. (스스로에게) 관련 내용에 대해 다른 질문을 하고 대답해보세요.

凡爲客之道(범위객지도) 深入則專(심입즉전) 主人不克(주인불극) 掠於饒野(략어요야) 三軍足食(삼군족식) 謹養而勿勞(근양이물로) 幷氣積力(병기적력) 運兵計謀(운병계모) 爲不可測(위불가측) 投之無所往(투지무소왕) 死且不北(사차불배) 死焉不得 士人盡力(사언부득사인진력). 兵士甚陷則不懼(병사심함즉불구) 無所往則固(무소왕즉고) 深入則拘(심입즉구) 不得已則鬪(부득이즉투).

是故(시고) 其兵不修而戒(기병불수이계) 不求而得(불구이득) 不約而親(불약이친) 不令而信(불령이신). 禁祥去疑(금상거의) 至死無所之(지사무소지). 吾士無餘財(오사무여재) 非惡貨也(비오화야) 無餘命(무여명) 非惡壽也(비오수야).

무릇 원정작전의 요령은, 깊이 들어가면 굳게 뭉치게 되어, 적이 이기지 못하는 것이니, 적의 풍요한 들판에서 식량을 약탈하여, 전군을 충분히 먹이고, 삼가 힘을 기르고 피로하지 않게 하며, 사기를 진작시켜 힘을 쌓으며, 군대를 운용하며 책략을 도모하되, 가히 적이 예측하지 못하도록 한다. 갈 곳이 없는 곳에 던져 넣으면, 죽더라도 도망하지 않으니, 죽게 되었는데 어찌 병사들이 힘을 다하지 않겠는가. 병사들은 심한 위험에 빠지면 오히려 두려워하지 않고,[37] 갈 곳이 없으면 마음을 굳게 먹고, 적지에 깊이 들어가면 뭉치고, 어쩔 수 없으면 싸우게

---

37 사례 : 해와 달이 된 오누이, 현명한 대응으로 호랑이를 물리치다

된다.

　이런 까닭에, 그 병사들은 지도하지 않아도 경계하며, 요구하지 않아도 얻으며(따르며), 약속하지 않아도 친해지며, 명령하지 않아도 믿을 것이다. 유언비어를 금하고 의심스러움을 없애면, 죽음에 이르러도 떠나지 않을 것이다. 나의 병사들이 재물을 남기지 않음은, 재화를 싫어해서가 아니며, 목숨을 남기지 않음은, 오래 사는 것을 싫어해서가 아니다.

客 손님, 나그네	克 이기다
饒 넉넉하다	野 들판, 농지
謹 삼가, 정중하게	養 기르다, 성장시키다
幷 진작시키다, 어우르다	積 쌓다
運 운용하다	計謀 책략을 도모하다
測 예측하다	投 던지다
焉 어찌	盡 다하다
甚 심하다, 지나치다	懼 두려워하다
固 굳다, 단단히	拘 뭉치다, 잡다
約 약속, 따르다	令 명령
禁 금하다	祥 유언비어, 상서롭다
疑 의심하다	餘 남다
財 재물	惡 싫어하다, 미워하다
貨 재화	命 목숨, 명령을 내리다
壽 목숨, 오래 살다, 장수하다	

사례

해와 달이 된 오누이,
현명한 대응으로 호랑이를 물리치다

　옛날에 남매를 키우며 살았던 어머니는 이웃 부잣집에서 일하고 떡을 구해 집으로 돌아가고 있었다. 어머니가 산을 넘을 때마다 호랑이가 나타나 떡 하나 주면 안 잡아먹겠다고 하자 떡을 하나씩 주었다. 떡이 모두 떨어지자, 호랑이는 어머니를 잡아먹고 어머니 옷과 머릿수건으로 어머니로 변장하여 남매가 있는 집으로 찾아갔다. 호랑이는 어머니 흉내를 내며 문을 열라고 했다. 남매는 문구멍으로 호랑이인 것을 알아보고 몰래 뒷문으로 도망쳐 도끼로 나무를 찍어 나무 위로 피신하였다. 나무에 올라갈 때 참기름을 발라 미끄럽게 하여 호랑이가 올라오지 못하게 하였다. 여동생이 생각 없이 호랑이에게 도끼로 찍어 올라오면 되는데 하고 알려주자, 호랑이는 나무를 찍어 남매를 쫓아 올라왔다. 호랑이가 다가오자 오빠는 하늘에 도와달라고 빌었고, 하늘에서 동아줄이 내려와 동아줄을 타고 올라간 오누이는 해와 달이 되었다. 호랑이도 하늘에 도와달라고 빌자, 하늘에서 썩은 동아줄이 내려왔고, 썩은 동아줄을 타고 오누이를 쫓던 호랑이는 줄이 끊어져 수숫대 위로 떨어져 죽었다.
　하느님이 오빠는 해, 여동생은 달이 되게 하였지만 여동생은 밤이 무섭다고 하여 오빠는 달, 여동생은 해로 바뀌었다. 여동생은 낮에 사람들이 쳐다보는 것이 부끄러워 강한 빛을 뿜고 있다.

손자를 넘어 상위 1% 사상으로 올라서기

1. 당신은 '해와 달이 된 오누이'를 읽고 느낀 점은 무엇인가?
2. 남매가 문구멍으로 호랑이인 것을 알아봤을 때 어떻게 행동하면 더 좋았을까?
3. 호랑이가 쫓아왔을 때 도망가는 좋은 방법에는 무엇들이 있을까?
4. 손자병법 "심한 위험에 빠지면 오히려 두려워하지 않고(甚陷則不懼[심함즉불구])" 사례에 "해와 달이 된 오누이" 동화를 제시하였는데, 오누이는 호랑이가 나무를 타고 쫓아올 때 하늘에 도움을 청한 행동은 잘한 행동이라고 생각하는가?
5. (스스로에게) 관련 내용에 대해 다른 질문을 하고 대답해보세요.

令發之日(령발지일) 士卒坐者涕霑襟(사졸좌자체점금) 偃臥者涕交頤(언와자체교이) 投之無所往(투지무소왕) 則諸劌之勇也(즉제궤지용야). 故(고) 善用兵者(선용병자) 譬如率然(비여솔연). 率然者(솔연자) 常山之蛇也(상산지사야). 擊其首則尾至(격기수즉미지) 擊其尾則首至(격기미즉수지) 擊其中則首尾俱至(격기중즉수미구지).

敢問(감문) 兵可使如率然乎?(병가사여솔연호) 曰(왈) 可(가) 越人與吳人(월인여오인) 相惡也(상오야) 當其同舟而濟遇風(당기동주이제우풍) 其相救也(기상구야) 如左右手(여좌우수). 是故(시고) 方馬埋輪(방마매륜) 未足恃也(미족시야). 齊勇若一(제용약일) 政之道也(정지도야). 剛柔皆得(강유개득) 地之理也(지지리야). 故(고) 善用兵者(선용병자) 攜手若使一人(휴수약사일인) 不得已也(부득이야).

명령이 내리는 날에, 앉아 있는 사졸들이 눈물로 옷깃을 적시고, 누워 있는 자는 눈물이 턱으로 흐른다. 갈 곳 없는 곳에 투입하면, 전제나 조궤와 같은 용기를 보인다. 그러므로, 용병을 잘하는 자는 비유하자면 (용병을) 솔연과 같이 한다. 솔연은 상산의 뱀이다. 그 머리를 치면 꼬리가 덤비고, 꼬리를 치면 머리가 덤비고, 그 중간을 치면 머리와 꼬리가 함께 덤빈다.

감히 묻건대, 병사들을 솔연처럼 되게 할 수 있겠는가? 대답하여 말하기를 가능하다. 월나라 사람이 오나라 사람들과 더불어, 서로 미워하지만, 같은 배를 타고 건너갈 때에 풍랑을 만나면, 마치 좌우의 손처럼 서로 돕게 된다. 이런 까닭에, 말을 묶고 수레바퀴를 땅에 묻더라도, 아직 믿을 수 있는 것은 아니다. 병사들을 정돈되고 용감하게 하여 하나처럼 하는 것이, 군대를 다스리는 도이다. <u>굳센 자나 유약한 자 모두의 힘을 얻는 것이 지형의 이치를 활용하는 것이다.</u>[38] 그러므로, 용병을 잘하는 자는, 병사들 손을 끌어서 마치 한 사람을 부리듯 하는 것은 부득이하게 만들기 때문이다.

發 보내다, 쏘다	坐 앉다
涕 눈물	霑 적시다
襟 옷깃	偃 쓰러지다, 넘어지다
臥 엎드리다	交 교차하다, 흐르다
頤 턱	諸劌 전제와 조궤
譬 비유하다	率然 전설 속의 뱀
常山 상산(지역이름)	蛇 뱀
擊 치다, 공격하다	首 머리
尾 꼬리	俱 함께
乎 ~인가, ~로다, ~구나	越 월나라
與 더불어, 주다	吳 오나라
當 당하다, 그, 이, 지금	濟 건너다
遇 만나다, 우연히 만나다	方 묶다, 모, 각
埋 묻다	輪 수레바퀴
未 아니다	齊 가지런하다, 정돈되다
勇 용감하다	政 정사, 다스리는 일
剛 굳세다	柔 약하다, 부드럽다
皆 모두	攜 끌다, 손에 가지다

---

38 사례 : 아기돼지 삼형제, 앞날을 준비해 놓으면 편안하다

사례

아기돼지 삼형제,
앞날을 준비해 놓으면 편안하다

　엄마돼지와 아기돼지 삼형제가 숲속에서 살고 있었다. 엄마돼지는 삼형제에게 집을 떠나 자신만의 집을 짓고 살라며 집을 내보냈다. 집을 떠난 아기돼지 삼형제는 서로 흩어져 집을 짓기 시작했다. 잠꾸러기인 첫째 아기돼지는 들판에 널려 있는 지푸라기로 집을 지었고, 놀기 좋아하는 둘째 아기돼지는 나무판자로 집을 지었으며, 셋째 아기돼지는 하루종일 부지런히 일하여 벽돌집을 지었다.

　그러던 어느 날 지나가던 늑대 한 마리가 아기돼지 냄새를 맡고 첫째 아기돼지 집에 나타나자, 첫째는 집구석에 숨었지만 늑대는 입김으로 그 집을 날려버렸다. 첫째는 허둥지둥 둘째 아기돼지 집으로 도망쳤고, 첫째와 둘째는 나무 판잣집에 숨어서 벌벌 떨고 있었다. 늑대는 판잣집을 박치기 한방에 박살내 버렸다. 첫째와 둘째는 셋째 아기돼지의 벽돌집으로 도망쳤고, 삼형제는 벽돌집에 숨어 있었다.

　늑대가 나타나 셋째의 벽돌집에 박치기를 여러 번 시도했으나 벽돌집은 꿈쩍도 하지 않았고, 늑대는 기진맥진하고 말았다. 늑대는 지붕 위에 굴뚝이 있는 것을 발견하고 굴뚝을 통해 집 안으로 들어가려 했다. 아기돼지 삼형제는 벽난로에 나무를 가져다 불을 활활 피웠다. 늑대는 굴뚝으로 내려오다 꼬리에 불이 붙어 엉덩이가 뜨거워지자 급히 도망가 다시는 찾아오지 않았다. 아기돼지 삼형제는 셋째의 벽돌집에서 사이좋게 지내며 행복하게 살았다.

손자를 넘어 상위 1% 사상으로 올라서기

1. 당신은 '아기돼지 삼형제'를 읽고 느낀 점은 무엇인가?
2. 엄마돼지가 아기돼지 삼형제 집들을 방문하였다면 어떻게 생각하였을까?
3. 첫째와 둘째 아기돼지는 지푸라기 집과 나무판자 집을 왜 지었을까?
4. 손자병법 "굳센 자나 유약한 자 모두의 힘을 얻는 것이 지형의 이치를 활용하는 것이다(剛柔皆得[강유개득] 地之理也[지지리야])." 사례에 "아기돼지 삼형제" 동화를 제시하였는데, 셋째 아기돼지는 벽돌집을 왜 지었다고 생각하는가?
5. (스스로에게) 관련 내용에 대해 다른 질문을 하고 대답해보세요.

將軍之事(장군지사) 靜以幽(정이유) 正以治(정이치). 能愚士卒之耳目(능우사졸지이목) 使之無知(사지무지). 易其事(역기사) 革其謀(혁기모) 使人無識(사인무식) 易其居(역기거) 迂其途(우기도) 使人不得慮(사인부득려). 帥與之期(수여지기) 如登高而去其梯(여등고이거기제) 帥與之深入諸侯之地(수여지심입제후지지) 而發其機(이발기기) 若驅群羊(약구군양) 驅而往(구이왕) 驅而來(구이래) 莫知所之(막지소지). 聚三軍之衆(취삼군지중) 投之於險(투지어험) 此將軍之事也(차장군지사야). 九地之變(구지지변) 屈伸之利(굴신지리) 人情之理(인정지리) 不可不察也(불가불찰야). 凡爲客之道(범위객지도) 深則專(심즉전) 淺則散(천즉산).

去國越境而師者(거국월경이사자) 絶地也(절지야). 四達者(사달자) 衢地也(구지야). 入深者(입심자) 重地也(중지야). 入淺者(입천자) 輕地也(경지야). 背固前隘者(배고전애자) 圍地也(위지야). 無所往者(무소왕자) 死地也(사지야).

장수의 일은, 고요해서 어둠 속 같은, 올바르게 해서 다스리는 것이다. 사졸들의 눈과 귀를 어리석게 하여, 그들로 하여금 알지 못하게 한다. 일을 바꾸고, 일(계략)을 고치되, 남들이 알지 못하도록 하고, 주둔지를 바꾸고, 길을 돌아가되, 남들이 헤아리지 못하게 한다. 장수가 병사와 더불어 결전을 기하되, 마치 높은 곳에 오르게 하고 사다리를 치워버리듯 하며, 장수가 병사와 더불어 적국의 제후 땅 깊숙이 들어가

되, 활을 발사하듯이 하고, 마치 양떼를 몰듯이, 몰아가고, 몰아와서, 병력들이 알지 못하게 한다. 삼군의 병력을 모아서, <u>위험한 곳에 투입하는 것</u>,³⁹ 이것이 장군의 일이다. 구지의 변화와 군대를 굽히고 펴는 것의 이로움, 심리변화의 이치 등을 잘 살펴야 한다. 무릇 원정작전의 요령에서, 깊이 들어가면 단결되고, 얕게 들어가면 마음이 흩어진다.

나라를 떠나 국경을 넘어서 군대를 부리는 것이 절지요, 사방으로 통하는 곳이 구지요, 적국 깊이 들어간 곳이 중지요, 얕게 들어간 곳이 경지요, 뒤는 험하고 앞은 좁은 곳이 위지요, 갈 곳이 없는 곳이 사지다.

事 일, 업무, 정치	靜 고요하다, 맑다
幽 그윽하다, 숨다	正 바르다, 올바른 일
治 다스리다	愚 어리석다
易 바꾸다, 쉽다	革 가죽 혁, 중해질 극
識 알다, 지식	居 거주하다, 살다
迂 돌아가다, 우회하다	途 길
帥 장수	期 기약하다, 정하다
梯 사다리	機 기계, 궁노(활)
驅 몰다	群 무리, 떼
羊 양	往 가다
莫 없다	聚 모으다
投 던지다, 투입하다	變 변화
屈 굽히다, 물러나다	伸 펴다
情 뜻, 정, 본성	理 이치, 도리, 다스리다
客 손님, 나그네	專 뭉치다, 집중하다
越境 넘다, 지경(땅의 경계)	師 스승, 군대

---

39 사례 : 곰과 두 친구. 위기에 처했을 때 본성을 알 수 있다

사례

곰과 두 친구,
위기에 처했을 때 본성을 알 수 있다

어느 날 친한 친구 두 명이 숲속을 거닐고 있었다. 길을 걷고 있는데 갑자기 곰이 나타났다. 곰을 보자 한 친구는 재빨리 옆에 높은 나무 위로 올라갔고, 남은 친구는 급하게 바닥에 납작 엎드려 죽은 척했다.

곰은 죽은 척한 친구에게 다가가 쿵쿵거리며 냄새를 맡더니 조용히 돌아갔다. 나무 위로 도망갔던 친구는 곰이 사라지자 나무에서 내려와 죽은 척한 친구에게 다가가 곰이 자네에게 무슨 말을 했냐고 물었다. 그러자 그 친구는 곰이 말하길 위험에 처했을 때 혼자 도망가는 사람은 친구가 아니라고 했다.

손자를 넘어 상위 1% 사상으로 올라서기

1. 당신은 '곰과 두 친구'를 읽고 느낀 점은 무엇인가?
2. 당신은 친구가 위기에 처했을 때 어떻게 행동할 것인가?
3. 두 친구는 곰이 나타났을 때 어떻게 행동했으면 더 좋았을까?
4. 손자병법 "위험한 곳에 투입하는 것(投之於險[투지어험])" 사례에 "곰과 두 친구" 동화를 제시하였는데, 곰이 나타났을 때 한 친구는 다른 친구를 두고 재빨리 높은 나무 위로 올라갔는데 이에 대해 어떻게 생각하는가?
5. (스스로에게) 관련 내용에 대해 다른 질문을 하고 대답해보세요.

是故(시고) 散地(산지) 吾將一其志(오장일기지). 輕地(경지) 吾將使之屬(오장사지속). 爭地(쟁지) 吾將趨其後(오장추기후). 交地(교지) 吾將謹其守(오장근기수). 衢地(구지) 吾將固其結(오장고기결). 重地(중시) 吾將繼其食(오장계기식). 圮地(비지) 吾將進其塗(오장진기도). 圍地(위지) 吾將塞其闕(오장색기궐). 死地(사지) 吾將示之以不活(오장시지이불활).

故(고) 兵之情(병지정) 圍則禦(위즉어) 不得已則鬪(부득이즉투) 逼則從(핍즉종). 是故(시고) 不知諸侯之謀者(부지제후지모자) 不能豫交(불능예교). 不知山林險阻沮澤之形者(부지산림험조저택지형자) 不能行軍(불능행군). 不用鄕導者(불용향도자) 不能得地利(불능득지리).

이런 까닭에, 산지에서는, 내 장차 병사들의 뜻을 하나로 하고, 경지에서는, 내 장차 부대 간의 결속을 긴밀히 하고, 쟁지에서는, 내 장차 달려나가 배후를 치고, 교지에서는, 내 장차 수비를 신중히 하고, 구지에서는, 내 장차 외교관계를 공고히 하고, 중지에서는, 내 장차 식량조달을 지속시켜야 하고, 비지에서는, 내 장차 신속히 그 길을 지나가야 하고, 위지에서는, 내 장차 적이 만들어준 사이를 봉쇄해야 하고, 사지에서는, 내 장차 살아남을 수 없음을 보여주어야 한다.

그러므로, 병사들의 본성은, 포위되면 스스로 방어하고, 부득이하면 싸우고, 급박하면 명령에 따른다. 이런 까닭에, 제후국의 계략을 알지 못하는 자[40]는, 미리 외교관계를 맺을 수 없고, 산림과 험한 지형, 소택지 등의 지형을 알지 못하면 행군할 수 없다. 마을 길잡이로 이끌지 않는 자는, 지형의 이로움을 얻을 수 없다.

將 장차, 장수	屬 잇다, 모으다
趨 달리다, 쫓다	謹 삼가다, 경계하다
固 굳다, 방비	結 맺다
繼 잇다, 이어 나가다	塞 변방, 사이가 뜨다
闕 궁궐, 문	活 살다, 생존하다
情 뜻, 정, 본성	禦 방어, 막다
鬪 싸우다, 다투다	逼 급박하다, 닥치다
從 쫓다, 나아가다	豫 미리, 즐기다
鄕 마을, 시골	導 이끌다

---

40 사례 : 양의 털을 쓴 늑대, 어설픈 꾀는 오히려 모든 것을 잃게 한다

사례

양의 털을 쓴 늑대,
어설픈 꾀는 오히려 모든 것을 잃게 한다

굶주린 늑대 한 마리가 양을 잡아먹으려고 꾀를 내었다. 그 꾀는 양으로 변장하여 양의 무리로 숨어 들어가는 것이었다. 늑대는 양의 털을 훔쳐 뒤집어쓰고 양으로 변장했다. 그리고 양치기가 없는 틈을 이용하여 양의 무리로 숨어 들어갔다.

양치기와 양들은 늑대가 양의 털을 쓰고 변장하고 왔는지 전혀 눈치를 채지 못했다. 양치기는 양들을 양의 털을 쓴 늑대와 함께 우리 안에 몰아넣고 문을 잠그고 집으로 돌아갔다. 늑대는 양치기가 사라지자 양을 잡아먹기 시작했다. 양은 도망갈 곳도 없이 속수무책으로 늑대에게 당했다.

이때 양치기가 우리로 돌아와 내일 요리할 양을 고르기 시작했다. 양치기가 고른 양은 양의 털을 쓴 늑대였다. 양치기는 양인 줄 알고 그 늑대를 나무에 목을 매달아 버렸고, 늑대는 죽고 말았다.

손자를 넘어 상위 1% 사상으로 올라서기

1. 당신은 '양의 털을 쓴 늑대'를 읽고 느낀 점은 무엇인가?
2. 당신은 늑대가 생각해낸 꾀에 대해 어떻게 생각하는가?
3. 당신은 늑대처럼 해야 할 일을 잘 처리했으나 실패했던 경험은 있었는가?
4. 손자병법 "제후국의 계략을 알지 못하는 자(不知諸侯之謀者[부지제후지모자])" 사례에 "양의 털을 쓴 늑대" 동화를 제시하였는데, 늑대는 양치기가 요리할 양을 선택할 것으로 생각을 못해 죽었다. 늑대는 어떻게 했으면 살 수 있었을까?
5. (스스로에게) 관련 내용에 대해 다른 질문을 하고 대답해보세요.

四五者(사오자) 一不知(일부지) 非霸王之兵也(비패왕지병야). 夫霸王之兵(부패왕지병) 伐大國(벌대국) 則其衆不得聚(즉기중부득취) 威加於敵(위가어적) 則其交不得合(즉기교부득합).

是故(시고) 不爭天下之交(부쟁천하지교) 不養天下之權(불양천하지권) 信己之私威(신기지사위) 加於敵(가어적). 故(고) 其城可拔(기성가발) 其國可隳(기국가휴).

施無法之賞(시무법지상) 懸無政之令(현무정지령) 犯三軍之衆(범삼군지중) 若使一人(약사일인). 犯之以事(범지이사) 勿告以言(물고이언) 犯之以利(범지이리) 勿告以害(물고이해). 投之亡地然後存(투지망지연후존) 陷之死地然後生(함지사지연후생). 夫衆陷於害(부중함어해) 然後能爲勝敗(연후능위승패).

구지 중에, 하나라도 모르면, 천하의 패권을 다툴 만한 군대(왕패의 군대)가 못 된다. 무릇 왕패의 군대는, 큰 나라를 치게 되면, 큰 나라가 군대를 모으지 못하게 되고, 압도적 위세를 적에게 가하여, 그 외교관계를 맺지 못하게 한다.

이런 까닭에, 천하의 외교관계를 다투지 않고, 천하의 권세를 기르지도 않고, 자신의 위세를 펼쳐서, 적에게 가한다. 그러므로, 적의 성을 함락시킬 수 있고, 적국도 무너뜨릴 수 있는 것이다.

법에도 없는 상을 베풀고, 정사에도 없는 법령을 공포하면, 삼군의 무리를, 마치 한 사람과 같이 한다. 일로써 다스리지, 말로써 다스리지 말고, 이익으로써 다스리지, 해로움으로 다스리지 않는다. 망지에 던진 후에야 살아남을 수 있고, 사지에 빠뜨린 후에야 살아날 수 있으니, 무릇 병사들은 해로운 처지에 빠진, 후에야 능히 승패를 결정할 수 있다.[41]

霸 으뜸, 우두머리	夫 무릇, 지아비
伐 치다, 베다	聚 모으다
威 위세, 위엄, 두려워하다	加 가하다, 더하다
養 기르다, 양생하다	權 권세, 권력, 권리
信 믿다, 신임하다, 맡기다	拔 빼앗다, 함락하다
隳 무너뜨리다	施 베풀다, 행하다
懸 공포하다, 매달다	政 정사, 행정
令 법령, 명령	犯 범하다, 어기다
然 그러하다	陷 빠지다, 함정
勝 승리, 이기다	敗 패배, 실패

---

41 헨젤과 그레텔, 하늘이 무너져도 정신만 차리면 솟아날 구멍은 있다

사례

헨젤과 그레텔,
하늘이 무너져도 정신만 차리면 솟아날 구멍은 있다

　옛날에 헨젤과 그레텔 남매가 살고 있었다. 집안이 너무 어려워 새엄마는 아빠에게 애들을 버리자고 계속 설득하였다. 아빠는 마지못해 애들을 버리기로 하였고, 몰래 이 말을 들은 헨젤은 돌을 주워 모았다. 아빠가 아이들을 데리고 나무를 하러 가는 길에 헨젤은 돌을 떨어뜨렸다. 숲속에 버려진 아이들은 돌을 보며 집으로 돌아왔는데 부모들은 놀랐지만 태연한 척했다.
　다음날 아빠가 또다시 아이들을 데리고 숲속으로 갈 때 헨젤은 빵 부스러기를 떨어뜨렸다. 하지만 새들이 빵 부스러기를 다 쪼아먹어 헨젤과 그레텔은 숲속에서 길을 잃고 말았다. 길을 한참 헤매다가 커다란 과자로 만들어진 집 한 채를 발견하고, 배가 고팠던 헨젤과 그레텔은 허겁지겁 과자를 먹었다. 그때 긴 코에 지팡이를 짚은 꼬부랑 할머니와 마주쳤다. 할머니는 마녀였으며 남매를 잡아먹을 속셈으로 남매에게 따뜻한 수프와 빵, 아늑한 잠자리까지 내어주었다. 마녀는 헨젤이 살찌면 잡아먹으려고 감방에 가두고 그레텔은 하녀로 부렸다. 다행히 마녀는 시력이 매우 좋지 않아 바로 앞도 잘 보지 못했다. 마녀가 헨젤을 잡아먹기 위해 얼마나 살이 쪘는지 만져보려 하자 헨젤은 고기의 뼈다귀를 내밀어 빼빼 말랐다고 착각하게 했다. 결국 마녀는 그레텔을 먼저 잡아먹기로 결심하고 화롯불을 피우게 했는데 이를 눈치챈 그레텔은 화로가 잘 타지 않는다며 마녀에게 확인해 달라고 하였다. 마녀가 화로에 다가간 순간 그레텔은 마녀를 화로 안에 힘껏 밀어 넣어 마녀는 비명을 지르며 타죽었다.

헨젤과 그레텔은 마녀의 보물들을 가지고 집으로 돌아왔다. 새엄마는 병들어 죽었고, 아빠는 죄를 반성하고 남매에게 사죄했다. 헨젤과 그레텔은 아빠와 함께 행복하게 살았다.

손자를 넘어 상위 1% 사상으로 올라서기

1. 당신은 '헨젤과 그레텔'을 읽고 느낀 점은 무엇인가?
2. 부모가 헨젤과 그레텔을 숲속에 버린 것에 대해 어떻게 생각하는가?
3. 헨젤과 그레텔이 마녀를 물리칠 수 있는 다른 방법들은 무엇이 있을까?
4. 손자병법 "해로운 처지에 빠진, 후에야 능히 승패를 결정할 수 있다(陷於害[함어해] 然後能爲勝敗[연후능위승패])." 사례에 "헨젤과 그레텔" 동화를 제시하였는데, 마녀에게 죽을 위기에서 헨젤과 그레텔은 어떻게 행동하여 살 수 있었을까?
5. (스스로에게) 관련 내용에 대해 다른 질문을 하고 대답해보세요.

故(고) 爲兵之事(위병지사) 在於順詳敵之意(재어순상적지의) 幷力一向(병력일향) 千里殺將(천리살장) 是謂巧能成事(시위교능성사). 是故(시고) 政擧之日(정거지일) 夷關折符(이관절부) 無通其使(무통기사). 勵於廟堂之上(려어묘당지상) 以誅其事(이주기사). 敵人開闔(적인개합) 必亟入之(필극입지) 先其所愛(선기소애) 微與之期(미여지기) 踐墨隨敵(천묵수적) 以決戰事(이결전사).

是故(시고) 始如處女(시여처녀) 敵人開戶(적인개호) 後如脫兎(후여탈토) 敵不及拒(적불급거).

　그러므로, 용병(전쟁)이라는 일은, 적의 의도에 따라 순순히 자세히 보고 살피다가, 어우르다가 힘을 한 방향으로 투입하여, 천 리를 달려가 적의 장수를 죽이는 것이니, 이를 일러 교묘히 일을 이룬다[42]고 한다. 이런 까닭에, 정사로 전쟁이 결정된 날에는, 관문을 막고 통행증을 폐지하며, 적 사신을 통과시키지 말아야 하며, 조정회의에서는 전의를 독려해서, 전쟁의 일을 단행한다. 적군이 문을 열면, 반드시 재빠르게 들어가서, 먼저 적의 가장 중요한 지역을 공격하고, 그리고 일단 적과 싸움을 기하지 말고 숨어 있다가, 원칙을 고수하는 것을 버리고 적측의 행동에 따라, 싸움을 결정한다.

　이런 까닭에, 처음에는 얌전한 처녀처럼 지내다가, 적이 문을 열면,

---

[42] 사례 : 개구리 왕자, 포기하지 않으면 꿈(희망)은 이루어진다

달아나는 토끼처럼 행동하면, 적이 미처 막을 수가 없다.

在	있다, 살피다	順	순하다, 순순히
詳	자세히 보다	意	의도, 뜻, 생각하다
幷	어우르다	殺	죽이다
將	장수, 장차, 어찌	巧	교묘하다, 공교하다
夷	없이 하다, 오랑캐	關	관문(국경에서 조사기관)
折	꺾다, 쪼개다	符	증표, 부신
通	오가다	使	관리, 사신, 하여금
勵	힘쓰다, 권장하다	廊	사당, 종묘, 조정회의
堂	집	誅	베다, 치다, 꾸짖다
闔	문짝	亟	빠르다, 삼가다
微	숨다, 작다	踐	밟다, 실천하다
墨	먹, 묵	踐墨	병법, 원칙을 고수하다
隨	따르다	始	처음, 시작하다
處	살다, 머물다	開	열다
戶	문	脫	벗다
兎	토끼	脫兎	달아나는 토끼
及	미치다, 이르다	拒	막다, 거부하다

사례

개구리 왕자,
포기하지 않으면 꿈(희망)은 이루어진다

　어느 날 한 나라의 공주가 숲속에서 금으로 만든 공으로 놀이를 하다가 공을 연못에 떨어뜨렸다. 이때 개구리가 나타나 공주에게 함께 식사도 하고 잠도 자면 연못에 빠뜨린 공을 찾아주겠다고 했다. 공을 되찾고 싶었던 공주는 개구리에게 그렇게 하겠다고 약속하였지만, 공을 되찾고 나서는 개구리를 남겨두고 궁궐로 가버렸다.

　개구리는 힘겹게 궁궐에 도착하여 공주에게 약속을 지키라고 요구했다. 공주는 짜증스러웠으나 개구리와의 약속을 지키려고 개구리와 함께 저녁을 먹고 침실로 들어갔다. 개구리가 침실까지 따라오자 공주는 개구리를 벽에 내동댕이쳐 버렸다. 개구리는 벽을 맞고 납작해졌고, 개구리가 불쌍했던 공주는 개구리를 안고 가볍게 입맞춤하였다.

　그때 개구리에게 걸린 마법이 풀리며 개구리는 왕자로 변했다. 왕자는 그동안의 무례함을 공주에게 사과하고 옆나라 왕자인데 나쁜 마법에 걸려 개구리가 되었다는 이야기를 해주었다. 이야기를 듣고 왕자와 사랑에 빠진 공주는 함께 왕자의 나라로 돌아가 결혼하여 행복하게 살았다.

손자를 넘어 상위 1% 사상으로 올라서기

1. 당신은 '개구리 왕자'를 읽고 느낀 점은 무엇인가?
2. 당신은 공주처럼 약속을 지키지 않았던 경우는 있었는가?
3. 개구리 왕자는 공주에게 구박받았는데 그 기분은 어떠했을까?
4. 손자병법 "교묘히 일을 이룬다(巧能成事[교능성사])." 사례에 "개구리 왕자" 동화를 제시하였는데, 개구리 왕자는 끝까지 포기하지 않고 공주에게 다가갔다. 당신은 개구리 왕자가 무엇이 제일 힘들었다고 생각하는가?
5. (스스로에게) 관련 내용에 대해 다른 질문을 하고 대답해보세요.

第十二

火攻篇
(화공편)

孫子曰(손자왈) 凡火攻有五(범화공유오). 一曰火人(일왈화인) 二曰火積(이왈화적) 三曰火輜(삼왈화치) 四曰火庫(사왈화고) 五曰火隊(오왈화대). 行火必有因(행화필유인) 煙火必素具(연화필소구). 發火有時(발화유시) 起火有日(기화유일). 時者天之燥也(시자천지조야) 日者月在箕壁翼軫也(일자월재기벽익진야).

凡此四宿者(범차사숙자) 風起之日也(풍기지일야). 凡火攻(범화공) 必因五火之變而應之(필인오화지변이응지). 火發於內(화발어내) 則早應之於外(즉조응지어외). 火發以其兵靜者(화발이기병정자) 待而勿攻(대이물공). 極其火力(극기화력) 可從而從之(가종이종지) 不可從而止(불가종이지). 火可發於外(화가발어외) 無待於內(무대어내) 以時發之(이시발지). 火發上風(화발상풍) 無攻下風(무공하풍). 晝風久(주풍구) 夜風止(야풍지).

손자가 말하기를, 무릇 화공에는 다섯 가지가 있다. 첫째는 사람을 태우는 것이요, 둘째는 쌓아놓은 보급품을 태우는 것이요, 셋째는 짐수레를 태우는 것이요, 넷째는 창고를 태우는 것이요, 다섯째는 적 부대를 태우는 것이다. 화공을 행하는 데는 반드시 조건이 있어야 하고, 불붙이는 도구는 반드시 갖추어야 한다. 불을 피우는 데는 시기가 있고, 불이 잘 일어나는 날이 있다. 불피우는 시기는 하늘이 건조해야 하고, 날은 달이 기·벽·익·진에 있을 때이다.

무릇 이 네 별자리는 바람이 일어나는 날이다. 무릇 화공은, 반드시 다섯 가지 불의 변화에 따라 응한다. 불이 적진 안에서 나면, 조기에 밖에서 응한다. 불이 나도 적이 고요하면, 기다리고 공격하지 않는다. 그 불의 힘이 다하면, 쫓을 만하면 쫓고, 쫓을 만하지 않으면 멈춘다. **43** 불을 적진 밖에서 지를 수 있으면, 내부 동정을 기다리지 말고, 때맞춰 불을 지른다. 불은 바람머리 쪽에서 질러야 하고, 바람 아래쪽에서 공격하지 말고, 낮에 바람이 오래 불면, 밤에는 바람이 멈춘다.

火攻 불로써 적을 공격	凡 무릇
積 쌓다, 모으다	輜 짐수레
庫 곳간, 창고	隊 부대
因 원인, 조건	煙 연기
煙火 연기와 불, 불붙이다	素 평소, 희다
具 갖추다	發 피다, 일어나다
時 때, 시기	起 일어나다, 기세가 오르다
燥 건조하다, 마르다	箕 키, 쓰레받기
壁 벽, 울타리	翼 날개
軫 수레	宿 자다 숙, 별자리 수
應 응하다	早 이르다, 일찍, 조기에
靜 고요하다	待 기다리다
極 다하다, 떨어지다	從 쫓다, 나아가다
止 멈추다	晝 낮
久 오래	

---

43 사례 : 잭과 콩나무. 콩을 알아보는 혜안으로 부자가 되다

第十二. 火攻篇(화공편) **201**

사례

잭과 콩나무,
콩을 알아보는 혜안으로 부자가 되다

　옛날 어느 마을에 잭이라는 소년이 어머니와 함께 농장의 오두막에서 살았다. 젖소에서 나오는 우유를 팔아 생활하였는데 젖소에서 더 이상 우유가 나오지 않자, 어머니는 잭에게 젖소를 시장에 내다 팔라고 하였다. 잭은 소를 팔러 시장에 가는 도중에 이상한 할아버지를 만나 소와 콩을 바꾸게 되었다. 할아버지는 그 콩을 정성껏 키우면 아주 좋은 일이 생길 거라고 하였다. 집으로 돌아온 잭은 어머니에게 할아버지와 만났던 이야기를 하면서 콩을 드렸지만, 어머니는 속이 상해 그 콩을 정원에 던져버렸다.

　아침이 되어 잭이 창문을 열어 보니 콩나무가 하늘 끝까지 자라 있었다. 잭은 콩나무를 타고 하늘 높이 올라가 보니 구름 위에 거인의 집이 있었다. 잭이 거인의 집에 도착하자 거인의 아내는 남편이 사람을 잡아먹는 괴물이라고 잭에게 피하라고 했다. 잭은 거인의 집에서 황금알을 낳는 거위를 훔쳐 집으로 돌아왔다. 또다시 잭은 콩나무를 타고 올라가 자는 거인 몰래 금과 은이 든 자루를 갖고 집으로 돌아가려 했다.

　그때 거인이 잠에서 깨어났다. 잭은 급히 콩나무를 타고 내려갔고, 거인이 오지 못하도록 도끼로 콩나무를 잘랐다. 잭을 쫓아서 콩나무를 타고 내려오던 거인은 콩나무에서 떨어져 죽었다. 잭과 어머니는 부자가 되어 행복하게 살았다.

손자를 넘어 상위 1% 사상으로 올라서기

1. 당신은 '잭과 콩나무'를 읽고 느낀 점은 무엇인가?
2. 잭이 젖소와 콩을 바꾼 것에 대해 어떻게 생각하는가?
3. 당신은 잭처럼 하늘로 뻗은 콩나무를 타고 올라갈 수 있겠는가?
4. 손자병법 "쫓을 만하면 쫓고, 쫓을 만하지 않으면 멈춘다(可從而從之[가종이종지] 不可從而止[불가종이지])." 사례에 "잭과 콩나무" 동화를 제시하였는데, 거인은 잭을 쫓아서 콩나무를 타고 내려오다 죽었는데 당신이 거인이라면 콩나무를 타고 내려오겠는가? 그 이유는 무엇인가?
5. (스스로에게) 관련 내용에 대해 다른 질문을 하고 대답해보세요.

凡軍必知五火之變(범군필지오화지변) 以數守之(이수수지). 故(고) 以火佐攻者明(이화좌공자명) 以水佐攻者强(이수좌공자강). 水可以絶(수가이절) 不可以奪(불가이탈).

夫戰勝攻取(부전승공취) 而不修其功者凶(이불수기공사흉) 命曰費留(명왈비류). 故曰(고왈) 明主慮之(명주려지) 良將修之(량장수지). 非利不動(비리부동) 非得不用(비득불용) 非危不戰(비위부전). 主不可以怒而興師(주불가이노이흥사) 將不可以慍而致戰(장불가이온이치전). 合於利而動(합어리이동) 不合於利而止(불합어리이지). 怒可以復喜(노가이복희) 慍可以復悅(온가이복열) 亡國不可以復存(망국불가이복존) 死者不可以復生(사자불가이복생).

故(고) 明主愼之(명주신지) 良將警之(량장경지) 此安國全軍之道也(차안국전군지도야).

무릇 군대는 반드시 화공의 다섯 가지 변화를 알고, 헤아려 지켜야 한다. 불로써 공격을 돕는 자는 현명해야 하고, 물로써 공격을 돕는 자는 강해야 한다. 물은 가히 적을 가로막을 수는 있어도, 빼앗을 수는 없다.

무릇 싸움에서 이기고 공격해서 (전리품들을) 취하고, 그 공로에 따라 나누지 않으면 흉하니, 명하여 말하기를 비류라 한다. 그러므로 말하기를, 현명한 임금은 이를 신중히 생각하고, 훌륭한 장수는 이를 계산하여 시행한다. 이롭지 않으면 움직이지 말고, 얻을 것이 없으면 용병하지 말고, 위태롭지 않으면 전쟁하지 않는다. 임금은 분노로써 군대를 일으켜서는 안 되고, 장수는 성냄으로써 싸움에 끌려가서는 안 된다. 이익에 합치되면 움직이고, 이익에 합치되지 않으면 멈춘다. 분노는 다시 즐거워질 수 있고, 성난 것은 다시 기쁨이 될 수 있지만, 망한 나라는 다시 존재할 수 없고, 죽은 자도 다시 살아날 수 없다.

그러므로, 현명한 임금은 이를 삼가고, 훌륭한 장수는 이를 경계한다. [44] 이것이 국가를 편안하게 하고 군대를 온전하게 하는 길이다.

數 헤아리다	守 지키다
佐 돕다	明 현명하다, 밝다
强 강하다	絶 끊다, 가로막다
奪 빼앗다	取 취하다
修 세다	功 공로, 공적, 공치사하다
凶 흉하다	命 명하다
費 쓰다, 소모되다, 비용	留 머무르다
費留 쓸데없이 경비만 쓰는 것	慮 생각하다, 꾀하다
修 세다, 계산하다	危 위태하다
怒 성내다, 분노	興 일다, 일으키다
師 군대, 스승	慍 성내다, 노여움
致 끌어들이다, 보내다	復 다시, 돌아오다
喜 기쁘다, 즐거워하다	悅 기쁘다, 기뻐하다
存 존재하다, 있다	愼 삼가다
警 경계하다	安 편안하다
全 온전하다	

---

44 사례 : 개와 고양이, 분열은 망하는 지름길이다

사례

개와 고양이,
분열은 망하는 지름길이다

　옛날 어느 바닷가에서 할아버지가 커다란 물고기를 잡았다. 그 물고기는 눈물을 뚝뚝 흘리고 할아버지에게 살려달라며 애원하자, 할아버지는 측은하게 생각하여 그 물고기를 살려주었다. 물고기는 용왕님의 아들이었고, 용왕님은 감사의 표시로 할아버지에게 소원이 이뤄지는 파란 구슬을 주었다. 할아버지와 할머니는 파란 구슬에 부자 소원을 빌자, 낡은 오두막집이 멋진 기와집으로 바뀌면서 큰 부자가 되었다.

　강 건너에 사는 욕심쟁이 할머니는 그 소문을 듣고 할아버지와 할머니가 없을 때 집에 찾아와 가짜 파란 구슬을 놓아두고 진짜 파란 구슬은 가져가 버렸다. 기와집은 다시 초라한 오두막집으로 변해버렸다. 그때 할아버지가 기르던 개와 고양이는 욕심쟁이 할머니가 파란 구슬을 훔치는 걸 모두 보았다.

　파란 구슬을 찾기 위해 개는 고양이를 등에 태우고 강을 건너 욕심쟁이 할머니 집을 찾아갔다. 그리고 창고에 있는 파란 구슬을 찾아서 욕심쟁이 할머니의 집을 빠져나왔다. 개는 고양이를 태우고 다시 강을 건너면서 고양이에게 구슬을 잘 가지고 있냐고 자꾸 물었고, 짜증이 난 고양이는 잘 있다고 대답하자 파란 구슬은 강 속으로 빠져 버렸다. 결국 개와 고양이는 서로 네 탓이라며 싸우고 헤어졌다.

배가 고팠던 고양이는 바닷가를 거닐다 어부가 죽은 물고기 한 마리를 휙 던지자, 물고기를 덥석 물었고 뭔가 딱딱한 것이 씹혀 확인해 보니 놀랍게도 파란 구슬이었다. 고양이는 파란 구슬을 입에 물고 할아버지와 할머니에게 달려갔고, 그 이후 고양이는 방 안에서 맛있는 음식을 실컷 먹으며 귀여움을 받았다. 이때부터 개와 고양이는 만나면 서로 으르렁대며 싸웠고, 고양이는 집 안에서, 개는 집 밖에서 살게 되었다.

손자를 넘어 상위 1% 사상으로 올라서기

1. 당신은 '개와 고양이'를 읽고 느낀 점은 무엇인가?
2. 할아버지는 물고기를 왜 살려주었다고 생각하는가?
3. 개와 고양이 사이를 좋게 하는 방법에는 무엇이 있을까?
4. 손자병법 "훌륭한 장수는 이를 경계한다(良將警之[량장경지])." 사례에 "개와 고양이" 동화를 제시하였는데, 할아버지와 할머니는 파란 구슬을 잘 보관했더라면 개와 고양이는 어떻게 살았을까? 그 이유는 무엇인가?
5. (스스로에게) 관련 내용에 대해 다른 질문을 하고 대답해보세요.

第十三

用間篇
(용간편)

孫子曰(손자왈) 凡興師十萬(범흥사십만) 出征千里(출정천리) 百姓之費(백성지비) 公家之奉(공가지봉) 日費千金(일비천금). 內外騷動(내외소동) 怠於道路(태어도로) 不得操事者(부득조사자) 七十萬家(칠십만가). 相守數年(상수수년) 以爭一日之勝(이쟁일일지승). 而愛爵祿百金(이애작록백금) 不知敵之情者(부지적지정자) 不仁之至也(불인지지야) 非人之將也(비인지장야) 非主之佐也(비주지좌야) 非勝之主也(비승지주야). 故(고) 明君賢將(명군현장) 所以動而勝人(소이동이승인) 成功出於衆者(성공출어중자) 先知也(선지야). 先知者(선지자) 不可取於鬼神(불가취어귀신) 不可象於事(불가상어사) 不可驗於度(불가험어도).

必取於人知敵之情者也(필취어인지적지정자야). 故(고) 用間有五(용간유오) 有鄕間(유향간) 有內間(유내간) 有反間(유반간) 有死間(유사간) 有生間(유생간). 五間俱起(오간구기) 莫知其道(막지기도) 是謂神紀(시위신기) 人君之寶也(인군지보야).

손자가 말하기를, 무릇 군대 10만을 일으켜, 천 리를 치러 나가면, 백성의 비용과, 관가에서 도와야 하는 것이, 하루에 천금이나 소모된다. 국내외가 소란하고, 도로에 게으르며, 일을 못 잡는 자는, 70만 가구이다. 서로 수년 동안 지키며, 하루의 승리를 다툰다. 그러나 벼슬・녹봉・백금을 아껴서, 적의 정세를 모르는 자는, 어질지 못한 극치이고, 백성의 장수가 아니고, 임금의 도움도 안 되고, 승리의 주인도 아니다. 고로, 현명한 임금과 어진 장수가, 움직이기만 하면 적을 이기고, 성공이 남보다 뛰어난 것은 먼저 알기 때문이다.[45] 먼저 아는 것은, 귀신에게 취할 수도 없고, 어떤 사실에서 끌어낼 수도 없으며, 어떤 법도에서 경험할 수도 없다.

반드시 사람을 취하여 적의 정세를 알게 되는 것이다. 그러므로, 간첩을 쓰는 방법에는 다섯 가지가 있으니, 향간, 내간, 반간, 사간, 생간이다. 오간을 모두 활용하면서도, 그 실태를 알지 못하게 하니, 이를 일러 신의 경지라 하고, 임금의 보배라 한다.

用間 간첩을 이용하는 것	興師 군대를 일으키다
征 치다, 취하다	公 공적, 국가의 일
奉 받들다, 돕다	費 소모되다, 비용
騷 떠들다	怠 게으르다
於 ~에, ~보다	路 길
操 잡다	爵 벼슬
祿 녹봉	情 뜻, 정, 본성, 정세
佐 돕다, 도움	賢 어질다
鬼 귀신	神 귀신, 신
象 코끼리, 모양	驗 경험하다, 증거
度 법도, 제도	鄕 시골, 마을, 고향
反 되돌리다, 되집다	俱 함께, 모두
神 신	紀 법칙, 규칙 기
寶 보배	

---

[45] 사례 : 금도끼와 은도끼, 진실은 누구에게나 통한다

사례

금도끼와 은도끼,
진실은 누구에게나 통한다

　옛날에 나무를 베어 장에 팔아 늙으신 어머니를 정성껏 모시고 사는 착한 나무꾼이 살았다. 어느 날 나무꾼이 나무를 베다가 도끼를 놓쳐 연못에 빠뜨리고 말았다. 나무꾼은 하나밖에 없는 도끼가 연못에 빠져 나무를 벨 수 없다는 생각에 안절부절하고 있었다.

　그때 연못에서 산신령이 나타나 나무꾼의 사연을 듣고 도끼를 찾아준다고 하였다. 산신령은 물속에서 금도끼, 은도끼를 보이며 너의 도끼냐고 묻자, 내 것이 아니라고 답했다. 산신령은 다시 연못으로 사라진 후 낡은 쇠도끼를 보이자, 나무꾼은 환하게 웃으며 자신의 도끼라고 하였다. 산신령은 정직한 나무꾼에게 금도끼와 은도끼까지 선물로 주었고, 정직한 나무꾼은 금도끼와 은도끼를 팔아 부자가 되었다.

　이 소식을 들은 같은 마을에 사는 욕심쟁이 나무꾼은 샘이 나서 자신도 금도끼와 은도끼를 얻어 큰 부자가 되겠다고 산으로 올라갔다. 욕심쟁이 나무꾼은 나무를 베는 척하다가 일부러 쇠도끼를 연못에 빠뜨리고서 큰 소리로 우는 척을 했다. 이때 산신령이 나타나 번쩍이는 금도끼, 은도끼를 보여주자, 욕심쟁이 나무꾼은 자신의 도끼라고 했다. 그리고 산신령이 쇠도끼도 보여주자, 그 쇠도끼도 자신의 도끼라고 했다.

　산신령은 버럭 화를 내며 욕심쟁이 나무꾼에게 욕심에 눈이 멀어 거짓말을 일삼다니 쇠도끼도 아깝다며 금도끼, 은도끼, 쇠도끼까지 모두 가지고 연못으로 사라져 버렸다.

손자를 넘어 상위 1% 사상으로 올라서기

1. 당신은 '금도끼와 은도끼'를 읽고 느낀 점은 무엇인가?
2. 당신은 쇠도끼를 연못에 빠뜨렸을 때 산신령이 나타나면 어떻게 하였을까?
3. 당신이 욕심 많은 나무꾼처럼 주위 사람들에게 거짓말을 했던 적은 있었는가?
4. 손자병법 "성공이 남보다 뛰어난 것은 먼저 알기 때문이다(成功出於衆者[성공출어중자] 先知也[선지야])." 사례에 "금도끼와 은도끼" 동화를 제시하였는데, 착한 나무꾼은 성공했고, 욕심쟁이 나무꾼은 실패했는데 그 이유는 무엇이라고 생각하는가?
5. (스스로에게) 관련 내용에 대해 다른 질문을 하고 대답해보세요.

鄕間者(향간자) 因其鄕人而用之(인기향인이용지). 內間者(내간자) 因其官人而用之(인기관인이용지). 反間者(반간자) 因其敵間而用之(인기적간이용지). 死間者(사간자) 爲誑事於外(위광사어외) 令吾間知之(영오간지지) 而傳於敵間也(이전어적간야). 生間者(생간자) 反報也(반보야). 故(고) 三軍之事(삼군지사) 莫親於間(막친어간) 賞莫厚於間(상막후어간) 事莫密於間(사막밀어간).

非聖智不能用間(비성지불능용간) 非仁義不能使間(비인의불능사간) 非微妙不能得間之實(비미묘불능득간지실) 微哉微哉(미재미재) 無所不用間也(무소불용간야). 間事未發而先聞者(간사미발이선문자) 間與所告者皆死(간여소고자개사). 凡軍之所欲擊(범군지소욕격) 城之所欲攻(성지소욕공) 人之所欲殺(인지소욕살) 必知其守將左右謁者門者舍人之姓名(필지기수장좌우알자문자사인지성명) 令吾間必索知之(령오간필색지지).

향간은, 마을 주민을 이용하여 쓰는 것이고, 내간은, 관리를 이용하여 쓰는 것이고, 반간은, 적의 간첩을 이용하여 쓰는 것이다. 사간은, 밖에서 거짓 일을 꾸며, 아군의 간첩으로 하여금 이를 알게 하고, 적의 간첩에게 전하는 것이다. 생간은, 돌아와서 적정을 알리는 것이다. 그러므로, 삼군의 일은, 간첩(정보활동)보다 친밀함이 없고, 상을 주는 것이 간첩보다 더 두터운 게 없으며, 일은 간첩보다 더 은밀하게 해야 할 것이 없다.

뛰어난 지혜가 아니면 간첩을 잘 운용하지 못하고, 어질고 올바르지 않으면 간첩을 잘 부리지 못하며,⁴⁶ 교묘하지 않으면 간첩의 정보 실태를 잘 얻을 수 없으니, 미묘하다 미묘하다, 간첩을 쓰지 않는 곳이 없다. 간첩의 일이 시작되기 전에 먼저 들은 자가 있으면, 간첩과 더불어 소문을 알린 자는 모두 죽인다. 무릇 공격하고자 하는 부대, 공격하고자 하는 성, 죽이고자 하는 사람이 있으면, 반드시 그 지키는 장수, 좌우 측근, 연락병, 문지기, 심부름꾼 등의 이름을 알아내어, 내 간첩으로 하여금 반드시 찾아 알아내게 한다.

因 인하다, 연유, 까닭	官 벼슬아치, 관리
詐 거짓, 속이다	傳 전하다
報 알리다, 갚다	賞 상, 상을 주다
厚 두텁다	密 고요하다, 그윽하다
聖 뛰어난 성인, 성스럽다	仁 어질다
義 옳다, 바르다, 도의	微 작다, 적다
使 하여금, 부리다, 시키다	妙 묘하다, 교묘함
載 싣다, 기재하다	未 아니다, 아직
告 알리다	皆 모두
欲 하고자 하다	殺 죽이다
謁 아뢰다, 알리다	謁者 연락병, 당번
門 문, 출입문	門者 문지기
舍 집, 관청, 머무는 곳	舍人 시중인, 심부름꾼
索 찾다, 탐색하다	

---

46 사례 : 흥부와 놀부. 흥부는 부자로 성공했고 놀부는 거지가 되었다

사례

흥부와 놀부,
흥부는 부자로 성공했고 놀부는 거지가 되었다

어느 마을에 흥부와 놀부 두 형제가 살았는데 아버지가 죽자, 형 놀부는 재산을 혼자 모두 챙기고 흥부를 내쫓아버렸다. 착한 흥부는 놀부를 원망하지도 않고 스물여섯 명의 처자식을 데리고 나와 닥치는 대로 날품팔이를 하며 힘들게 살았다. 그래도 먹을 것이 턱없이 부족했던 흥부는 식구들 먹일 쌀이라도 좀 얻어보려 놀부 집에 갔다가 인심 사나운 놀부 아내에게 밥풀이 묻은 주걱으로 뺨을 맞았다. 흥부는 얼굴에 묻은 밥풀이라도 조금 더 달라고 구걸했지만 얻지 못하고 쫓겨났다.

따스한 어느 봄날, 구렁이가 제비 둥지에 있는 새끼들을 공격하다가 제비 새끼 한 마리가 둥지에서 떨어져 다리가 부러졌다. 흥부는 다친 제비를 치료해주었고, 다음해 봄 치료를 받았던 제비는 박씨를 물어다 흥부에게 떨어뜨렸다. 흥부는 그 박씨를 심었고, 열린 박은 놀랄 정도로 거대하였다. 흥부는 먹을 것이 없어 박을 먹기 위해 거대한 박을 갈랐다. 첫 번째 박에서는 쌀이, 두 번째 박에서는 금은보화가, 세 번째 박에서는 기와집이 나와 흥부는 순식간에 부자가 되었다.

흥부가 부자가 되었다는 소식을 들은 놀부는 배가 아팠다. 한참을 고민하다 놀부는 흥부를 찾아가 부자가 된 비결을 들었고, 당장 집으로 돌아와 처마 밑 둥지에 있는 제비 다리를 일부러 부러뜨리고 다시 고쳐

주었다. 다음해 봄에 그 제비는 놀부에게 박씨를 주었고, 놀부는 매우 흡족해하며 박씨를 심었다. 놀부의 집에도 거대한 박이 열렸다. 놀부가 흥겹게 박을 가르자 박 속에서 거지 패거리, 도둑 패거리, 도깨비 등이 나와 놀부를 마구 두들겨 패고 놀부의 재산을 도둑질하며 집까지 부숴 놀부는 한순간에 거지 신세가 되었다. 착한 흥부는 거지가 된 형 놀부가 잘 살 수 있도록 재산을 나눠주었고, 놀부는 자기 잘못을 크게 깨닫고 흥부에게 용서를 빌었다. 흥부와 놀부는 이웃들과 행복하게 살았다.

손자를 넘어 상위 1% 사상으로 올라서기

1. 당신은 '흥부와 놀부'를 읽고 느낀 점은 무엇인가?
2. 놀부는 아버지 재산을 독차지했는데 이에 대해 어떻게 생각하는가?
3. 당신이 흥부라면 자식 25명을 어떻게 교육하고 먹여 살릴 것인가?
4. 놀부가 일부러 제비 다리를 부러뜨린 것에 대해 어떻게 생각하는가?
5. 손자병법 "어질고 올바르지 않으면 간첩을 잘 부리지 못하며(非仁義不能使間[비인의불능사간])" 사례에 "흥부와 놀부" 동화를 제시하였는데, 흥부는 다친 제비를 정성껏 치료해주어 큰 부자가 되었다. 반면 형 놀부는 거지 신세가 되었는데 그 이유는 무엇이라고 생각하는가?
6. (스스로에게) 관련 내용에 대해 다른 질문을 하고 대답해보세요.

必索敵間之來間我者(필색적간지래간아자) 因而利之(인이리지) 導而舍之(도이사지) 故(고) 反間可得而用也(반간가득이용야). 因是而知之(인시이지지) 故(고) 鄕間·內間可得而使也(향간내간가득이사야). 因是而知之(인시이지지) 故(고) 死間爲誑事(사간위광사) 可使告敵(가사고적). 因是而知之(인시이지지) 故(고) 生間可使如期(생간가사여기).

五間之事(오간지사) 主必知之(주필지지) 知之必在於反間(지지필재어반간) 故(고) 反間不可不厚也(반간불가불후야). 昔殷之興也(석은지흥야) 伊摯在夏(이지재하) 周之興也(주지흥야) 呂牙在殷(여아재은).

故明君賢將(고명군현장) 能以上智爲間者(능이상지위간자) 必成大功(필성대공). 此兵之要(차병지요) 三軍之所恃而動也(삼군지소시이동야).

나를 염탐하러 온 적의 간첩을 반드시 색출하여, 이익을 주어, 이끌어서 머물게 한다. 그리하여, 반간으로 얻어 쓸 수 있다. 이 반간을 통해 적정을 알 수 있으므로, 향간·내간을 얻어 부릴 수 있다. 이 반간을 통해 적정을 알 수 있으므로, 사간으로 거짓 사실을 꾸며, 가히 적에게 돌아오게 할 수 있다. 이 반간을 통해 적정을 알 수 있으므로, 생간을 가히 부려 예정된 기약을 할 수 있다.

오간의 일은, 임금은 반드시 알아야 하고, 이를 아는 것은 반드시 반간에 있다. 그러므로 반간은 후하게 대하지 않을 수 없다. 옛날 은나라가 일어날 때는, 이지(이윤)가 하나라에 있었고, 주나라가 일어날 때는, 여아(강태공)가 은나라에 있었다.

그러므로 현명한 군주와 어진 장수[47]는, 능히 최고의 지혜로운 자를 간첩으로 삼아, 반드시 큰 공을 이룬다. 이것은 군사활동의 요점이며, 삼군이 믿고 움직이는 바이다.

間 틈, 좋은 기회, 엿보다	利 이익
導 이끌다	因是 반간을 통해
知之 적의 사정을 알다	誑 거짓, 속이다
如期 같다, 기약하다	在於 ~에 있다
昔 옛날	殷 은나라, 성하다
伊摯 이윤	夏 하나라, 여름
周 주나라, 두루	呂牙 강태공
要 요점, 요지, 요구하다	恃 믿다
動 움직이다	

---

47 사례 : 임금님 귀는 당나귀 귀, 단점을 고치면 훨씬 강해진다

사례

임금님 귀는 당나귀 귀, 단점을 고치면 훨씬 강해진다

　어느 한 나라의 임금님은 귀가 당나귀 귀처럼 커 남모르는 고민이 있었다. 귀는 5년 전부터 커져서 1년 전에야 겨우 멈췄다. 임금님은 귀가 보기 흉해 몸이 아프단 핑계로 국사에 참여하지 않았지만 평생 그럴 수는 없어 큰 모자를 쓰기로 했다. 큰 모자를 만들기 위해 나라에서 최고의 갓장이를 왕의 침소로 불렀다. 갓장이는 왕의 모습을 보고 웃음을 꾹 참으며 귀를 가릴 정도의 큰 모자를 만들어 바쳤다. 왕은 갓장이에게 소문을 내면 벌하겠다고 하였고, 갓장이는 비밀을 지키겠다고 다짐하며 집으로 돌아왔다.

　왕은 모자를 쓰고 다시 나라의 정사를 보기 시작했다. 하지만 갓장이는 왕의 비밀을 아무에게도 말할 수 없어 마음의 병이 들자, 한밤중에 뒷산 대나무밭에 올라가서 땅을 파고 임금님 귀는 당나귀 귀라고 큰 소리로 외쳤다. 이렇게 계속 소리치자, 갓장이 병은 씻은 듯이 나았다. 이때부터 대나무밭에 바람이 불기 시작하면 임금님 귀는 당나귀 귀라는 소리가 들렸고, 이런 소문을 듣고 놀란 왕은 대나무를 모두 잘라버리고 싸리나무를 심으라고 명령했다. 하지만 싸리나무마저 그 소리를 내는 바람에 나라 전체에 임금님 귀는 당나귀 귀라는 사실을 모르는 사람이 없었다.

　임금님은 창피하여 병들어 눕고 말았다. 용기 있는 신하가 임금님의 커다란 귀는 부끄러운 것이 아니라 장수와 복을 불러오는 관상으로 백성의 소리를 잘 들으라는 하늘의 뜻으로, 이전에 큰 귀를 가진 왕들은 백성의 소리를 잘 들어서 성군이 되었다고 이야기하였다. 임금님은 신하와의 대화를 통해 자신의 커다란 귀는 백성의 소리를 들으란 것임을 깨닫고 신하에게 많은 금은보화를 상으로 내렸다. 왕은 모자를 벗고 마음 편히 백성의 소리를 들으며 나라의 정사를 잘 살폈고, 훗날 위대한 성군이 되었다.

A 손자를 넘어 상위 1% 사상으로 올라서기

1. 당신은 '임금님 귀는 당나귀 귀'를 읽고 느낀 점은 무엇인가?
2. 당신은 임금님처럼 남들에게 비밀로 하고 싶은 것은 무엇이 있는가?
3. 임금님의 귀는 오히려 장점이 되었는데 당신의 단점은 무엇이고, 이를 장점으로 어떻게 만들 수 있겠는가?
4. 손자병법 "현명한 군주와 어진 장수(明君賢將[명군현장])" 사례에 "임금님 귀는 당나귀 귀" 동화를 제시하였는데, 임금님은 결국 위대한 성군이 되었다. 그 이유는 무엇이라고 생각하는가?
5. (스스로에게) 관련 내용에 대해 다른 질문을 하고 대답해보세요.